KUNSTHANDWERK
KREATIV

VIVIAN FRANK

ARBEITEN MIT SCHMUCKPAPIER

Vorlagen und Anleitungen

KUNSTHANDWERK KREATIV

VIVIAN FRANK

ARBEITEN MIT SCHMUCK-PAPIER

Vorlagen und Anleitungen

AUGUSTUS VERLAG

CIP-Titelaufnahme der Deutschen Bibliothek

Arbeiten mit Schmuckpapier : Vorlagen und Anleitungen / Vivien Frank. [Fotogr.: Cul Mukhida ... Aus dem Engl. übers. von Erika Rieger und Klaus-Dieter Hartig]. – Augsburg : Augustus-Verl., 1991
(Kunsthandwerk kreativ)
Einheitssacht.: Decorative paper craft ⟨dt.⟩
ISBN 3-8043-0181-9
NE: Frank, Vivien; Mukhida, Cul; EST

Titel der englischen Originalausgabe »Vivien Frank: Decorative paper crafts«
Aus dem Englischen übersetzt von Erika Rieger und Klaus-Dieter Hartig, Darmstadt

Satz: 9/9½ P. Garamond von Fotosatz Uhl+Massopust, Aalen
Druck und buchbinderische Verarbeitung: Printer Portugesa, Portugal

ISBN 3-8043-0181-9

Inhalt

Einführung

Einer meiner Hauptgründe, dieses Buch zu schreiben, war der Wunsch, dem Leser die Vielseitigkeit sowohl des Materials Papier als auch der Technik des Dekorierens zu zeigen. Papier ist eine wunderbare Erfindung, die man normalerweise als gegeben hinnimmt. Wahrscheinlich ergibt sich dies aus der Vertrautheit – Papier ist so sehr ein Teil unseres täglichen Lebens, daß niemand darüber nachdenkt, wie und woraus Papier hergestellt wird. Wenig Beachtung finden auch die vielen Formen seiner Verwendung.

Papier kann als ein Stoff definiert werden, der aus Zellulosefasern hergestellt wird, die man aus Lumpen, Holz und Stroh gewinnt. Manchmal enthält der Papierbrei, aus dem die dünnen Blätter geformt werden, andere Zusatzstoffe. Ihre Wahl hängt von dem Herstellungsverfahren und der späteren Verwendung ab. Der größte Teil des im Alltag benutzten Papiers wird heute maschinell hergestellt. Das Papier wird geformt, indem es rotierende Zylinder passiert und über eine Reihe von Walzen auf einem Förderband läuft. Vor dem Schneiden wird die Papierbahn entwässert und getrocknet. Handgeschöpftes Papier entsteht in einer Form; man entwässert es mit einem Filzbett und läßt es im Stoß mit anderen Blättern trocknen. Es ist deshalb wichtig zu wissen, wie Papier hergestellt wurde – handgemachtes Papier weist keine Ausrichtung der Fasern auf, weil die Fasern in der Form gleichmäßig verteilt werden. Bei dem maschinell hergestellten Papier liegen die Fasern in Richtung des Förderbandes. Mit Grundkenntnissen und etwas Erfahrung kann man die verschiedenen Papiereigenschaften beurteilen und die Reaktion des Papiers auf verschiedene Behandlungen verstehen. Zum Beispiel »fühlt« sich handgeschöpftes Papier ganz anders an als ein maschinell hergestelltes Blatt mit seiner »heiß gepreßten«, sehr glatten Oberfläche. Zwei so unterschiedliche Papiersorten könnten nicht für dasselbe Projekt verwendet werden. Es sind Bücher mit detaillierten Informationen über Materialien und Techniken der Papierherstellung erhältlich.

Papier wird auf sehr vielfältige Weise genutzt. Es findet Verwendung für den täglichen Bedarf in fast allen Bereichen: die Einsatzmöglichkeiten reichen vom Geld bis zum Packpapier, von den Medien bis zur Kleidung. Papier wird auch in vielfältiger Form für dekorative und künstlerische Zwecke eingesetzt: für Tapeten, Gemälde, Artikel aus Pappmaché und Gegenstände für die Wohnung. Das auf diese Weise genutzte Papier wird oft mit Mustern dekoriert. Dieses Buch befaßt sich hauptsächlich mit der Herstellung solcher Dekorationen.

Dieser Einführung folgt ein Abschnitt mit schönen Fotografien, die sehr unterschiedliche Arbeiten verschiedener Künstler und Kunsthandwerker zeigen.

Es gibt sehr viele Möglichkeiten, Papier zu dekorieren. Nur wenige können auf den folgenden Seiten behandelt werden. Wenn Sie jedoch an den hier gezeigten Techniken Freude haben, können Sie entweder mit Hilfe anderer Bücher oder einfach durch eigenes Experimentieren alternative Methoden ausprobieren. Das Dekorieren und Arbeiten mit Papier wird Sie dann schnell fesseln und befriedigende Ergebnisse liefern.

Papier wird beinahe seit seiner Erfindung dekoriert; die frühesten Nachweise für marmoriertes Papier stammen aus dem zwölften Jahrhundert. Es gibt Hinweise, daß einige Papiere dekoriert wurden, um sie vor dem Kopieren und Fälschen zu sichern. Wichtige Dokumente schrieb man auf stark dekoriertes Papier. Um Diebe abzuhalten, wurden die Ränder von Büchern marmoriert, so daß das Fehlen einer Seite sofort erkannt werden konnte. Es ist wahrscheinlich, daß der größte Teil des umfangreich dekorierten Papiers ursprünglich für die Buchbindereien bestimmt war. Es gibt viele frühe Beispiele für Vorsatzpapiere und Buchumschläge. Die Muster für bedruckte Stoffe werden normalerweise zuerst auf Papier entworfen. Diese Blätter finden dann oft eine selbständige Verwendung als dekorierte Papiere, aber auch als Druckvorlagen für Stoffe.

Vor dem Teil des Buchs, in dem die Projekte behandelt werden, finden Sie einen wichtigen Abschnitt über die Zusammensetzung von Papier und die Grundtechniken. Auf diesen Informationen wird im folgenden Teil aufgebaut. Sie sollten diese Seiten deshalb nicht überfliegen. Die dort erklärten Methoden müssen bei den Projekten angewandt werden.

Den Abschnitt des Buches, der sich mit der Herstellung von Gegenständen befaßt, kann man natürlich durcharbeiten, ohne vorher Papier selbst dekoriert zu haben. Ich hoffe jedoch, daß die zusätzliche Freude, die sich aus der Umsetzung des eigenen Entwurfs zur Verschönerung des Papiers und dadurch ergibt, daß man alle Schritte des Projekts selbst durchführt, Sie dazu anspornt, beide Abschnitte des Buchs zu nutzen. Ein anderer, weniger esoterischer Anreiz zum Herstellen eigener Papiere besteht darin, daß man wunderbare Dinge für einen relativ bescheidenen Betrag anfertigen kann. Alle verwendeten Teile und Materialien sind leicht zu besorgen. Die Projekte haben unterschiedliche Schwierigkeitsgrade, aber nur wenige erfordern eine spezielle Ausrüstung. Die Aufgaben zeigen unkomplizierte Ideen und sollten Sie ermutigen, neue Fähigkeiten zu entwickeln. Sie schreiten in der Reihenfolge voran von den grundlegenden Drucktechniken zur Gestaltung von Briefpapier über die Herstellung und Präsentation von Geschenken zum Entwurf und zur Gestaltung von Fotoalben. Bei jedem Projekt arbeitet man mit Schmuckpapier, aber die unterschiedlichen Papierarten sind untereinander austauschbar. Die Eignung des Papiers wird zu Beginn jedes Projekts diskutiert.

Beim Dekorieren des Papiers sollte man sich keine Zwänge auferlegen und sowohl mit der Technik als auch mit dem Entwurf experimentieren. Man muß wirklich nicht künstlerisch veranlagt sein, um dekorierte Papiere zu gestalten und aus ihnen etwas Dauerhaftes zu machen. Es erfordert nur etwas Kreativität und den Wunsch, neue Verfahren auszuprobieren und neue Fähigkeiten zu entwickeln.

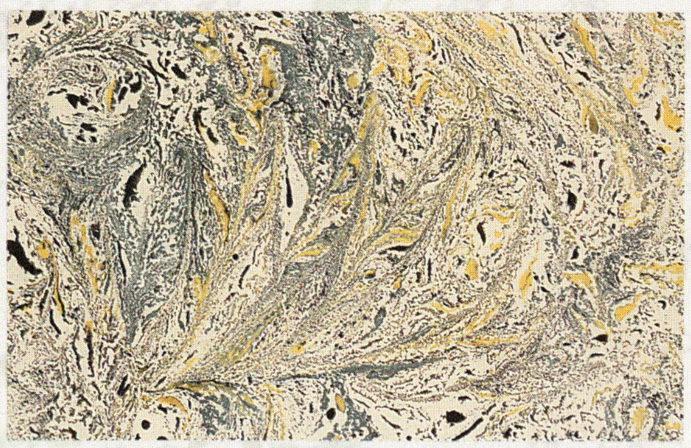

Die Auswahl von Papierarbeiten auf der rechten Seite zeigt von oben nach unten die dekorativen Wirkungen verschiedener Techniken der Papiergestaltung: das Marmorieren (mit Leim), das Gestalten mit Paste, Stempeldruck mit Linolschnitt sowie die Falt- und Färbetechnik. Der Hintergrund dieser Seiten gibt ebenfalls marmoriertes Papier wieder, das mit einer einfacheren Methode ohne Leim hergestellt wurde.

Galerie

Dieses Kapitel hat das Ziel, den Appetit des Lesers anzuregen und eine Vorstellung von der Vielseitigkeit des Papiers und der Vielfalt der dekorativen Effekte, die erreicht werden können, zu vermitteln. Die vorgestellten Arbeiten sollen die Phantasie anregen und zeigen, wie andere Künstler und die Autorin die Möglichkeiten nutzen, Papier zu schmücken und wirkungsvoll einzusetzen. Die Vorgehensweise bei der Herstellung dieser Kompositionen wird nicht beschrieben, obwohl einige der Beiträger freundlicherweise etwas darüber sagen, wie und warum sie so arbeiten.

Sarah Amatt begann ihre Karriere in einer Buchbinderei. Das Marmorieren von Papier betrieb sie als Hobby, das ihr immer wichtiger wurde. Sie las alle alten Handbücher, die sie in Museen finden konnte, und brachte sich die Techniken durch Experimentieren selbst bei. Sarah probierte Farben auf Öl- und Wasserbasis aus. Seit mehreren Jahren beschäftigt sie sich nur noch mit dem Marmorieren. Sie stellt traditionelle und moderne gekämmte und »Stein«-Muster her. Ihre Papiermuster wurden für Buchhüllen, Schreibwaren und sogar für Briefmarkenumrandungen der Post reproduziert. Die Entwürfe, die hier gezeigt werden, sind traditionelle, mit dem Kamm erzeugte Muster in modernen Farben.

John Perry – *Im Stempeldruckverfahren hergestellte Tapeten*
Die in der Fabrik von John Perry produzierten Tapeten werden immer noch im traditionellen Stempeldruckverfahren bedruckt. Das Unternehmen ist international tätig und hat sich auf hochwertige Produkte spezialisiert. John Perry besitzt mehr als 3000 handgeschnitzte Holzstempel. Obwohl sie bis zu 200 Jahre alt sind, wird mit einigen heute noch gearbeitet.

Oben links. »Gotische Lilie« - Dies ist eine der vielen Tapeten, die von Pugin entworfen wurde. Er war ein britischer Architekt des 19. Jahrhunderts und half zwischen 1840 und 1850 bei der Restaurierung des Westminsterpalastes. Dieser besondere Entwurf war für das britische Oberhaus bestimmt. Er wird hier nicht in Originalfarben abgebildet. Es handelt sich um ein sehr beliebtes Motiv, das vor allem für vornehme Gebäude im gotischen Stil genutzt wurde.

Mitte links. »Erdbeere«, von Pugin für das britische Oberhaus entworfen – in seinem Wappen befindet sich die Erdbeere. Die Tapete entstand während der Restaurierung des Westminsterpalastes.

Unten links. »Crace-Karomuster« - ein weiterer Enwurf, der von Pugin stammt, obwohl er nach Crace benannt wurde, der die Stempel schnitt und das Papier bedruckte. Es war ein Muster, das in den Wohnräumen des Westminsterpalastes verwandt wurde. Das Muster wird hier in den traditionellen Farben gezeigt.

Oben rechts. Dieses Papier wurde im späten 19. Jahrhundert von Owen Jones, einem viktorianischen Designer und Architekturhistoriker, entworfen. Er war für die Gestaltung der Weltausstellung verantwortlich. Dieses Muster stammt aus seinem einflußreichen Werk »Die Grammatik der Ornamente«. Es handelt sich um ein kleines, ausgewogenes Design, das bis zum heutigen Tag weit verbreitet ist. Das Muster kann in mehreren unterschiedlichen Farben gedruckt werden.

Mitte rechts. Der Entwurf zeigt einen starken persischen Einfluß; seine Entstehungsgeschichte ist allerdings nicht bekannt. Er erinnert an Motive der Alhambra in Spanien und stammt wahrscheinlich aus dem 19. Jahrhundert. Den Stempel fand man in John Perrys Sammlung. Er könnte aus den von Perry aufgekauften Beständen einer kleinen Firma stammen.

Unten rechts. Ein anderer Entwurf von Pugin, der zwischen 1840 und 1850 während der Restaurierung des Westminsterpalastes entstand. Er war für die Teestube des Unterhauses bestimmt und zeigt Adelskronen, Fallgatter und Tudorrosen.

Diese schönen Stücke fand man in Kenia, wo sie offensichtlich unter Verwendung einheimischer Blumen, die leicht gepreßt wurden, hergestellt wurden. Das Papier entstand möglicherweise aus Papierbrei, in dem die Blumen sorgfältig so angeordnet wurden, daß sie wie ein Strauß aussehen. Eine dünne Schicht Papierbrei wurde dann über die Blumen gelegt, um sie auf dem Untergrund festzuhalten. Die meisten Papiere, bei denen Blumen einbezogen werden, weisen eher eine zufällige Verteilung der Blumen auf. Sie sind in der Regel auch tiefer im Material eingebettet. *Oben.*

Frances Greenburgh ist eine Korbflechterin, die hauptsächlich mit Rohr arbeitet. Manchmal berücksichtigt sie beim Herstellen der Körbe auch andere Materialien. Sie ist besonders an der farbigen Gestaltung interessiert – sie färbt das Rohr selbst. Die hier gezeigte geflochtene Papierschachtel besteht aus Aquarellpapier. Sie malte beliebige Streifen diagonal über das angefeuchtete Papier, das dann in lange Streifen geschnitten wurde. Mit diesen Streifen wurde die Schachtel geflochten. Die dekorative Umrandung besteht aus Stickseide. *Links.*

Lisa von Clemm entdeckte das Marmorieren vor zehn Jahren. Sie hatte ein starkes Interesse an Papier und fand das Schmuckpapier, das damals erhältlich war, ziemlich langweilig. Zu jener Zeit gab es noch keine Bücher zum Thema. So war sie beim Lernen ganz auf eigenes Experimentieren angewiesen. Lisa arbeitet beim Marmorieren mit der Caragheenmoos-Methode während eines dreiwöchigen Aufenthalts in ihrem Sommerhaus in Maine, wo eine gute Atmosphäre herrscht und wo sie viel Raum zur Verfügung hat. Ihre Papiere sind nur für den eigenen Gebrauch bestimmt. Die meisten Blätter wurden zwei- bis dreimal marmoriert und besitzen eine Tiefenwirkung als Folge der verschiedenen Farbschichten. Lisa manipuliert die Farben mit Kämmen und diversen Küchenutensilien; manchmal arbeitet sie mit Deckmitteln.

Lisa von Clemm beschäftigte sich in den letzten 15 Jahren mit dem Binden von Büchern. Die Grundtechniken lernte sie als Kind von ihrem Vater, der ein produktiver Buchbinder war. Beim Buchbinden verbindet sie einen modernen Ansatz mit traditionellen Methoden. Beim Beziehen der Buchdeckel kombiniert sie marmoriertes Papier mit Leder. Daraus ergibt sich ein dekoratives Erscheinungsbild, das aber weniger »kostbar« wirkt, sondern zum Anfassen einlädt. Sie ist davon überzeugt, daß schön eingebundene Bücher »benutzerfreundlich« sein sollten. Die marmorierten Papiere, die Lisa verwendet, sind von ihr speziell für bestimmte Bücher entworfen worden.

Eine Collage aus einer Serie von Susan Kinley. Einige der Papiere, die sie verwendet, enthalten Seidenfasern. Daraus stellt sie teiltransparente Stücke her, die aus mehreren Schichten aufgebaut sind. Die Papiere und Stoffe sind manchmal handkoloriert. Sie verwendet Wasserfarben und Seidenfarben. Die aus mehreren Lagen bestehenden Wandbehänge und Tafeln werden hergestellt aus Formen unterschiedlicher Dichte, die sie ausschneidet oder herausreißt. Sie werden zu dem fertigen Bild zusammengesetzt. Diese Objekte sind am wirkungsvollsten, wenn sie von hinten beleuchtet werden.

Gregory Warren Wilsons Werk reicht in seiner Farbgebung von strahlend hellen bis subtilen Pastelltönen. Das geometrische Muster ist ein Mosaik aus Papierstücken, die glänzend, matt und/ oder strukturiert sein können; manchmal wird Blattgold eingefügt. Die Bilder werden so entworfen, daß sie faszinieren und die symmetrischen und zufälligen Elemente innerhalb eines festgefügten Plans ausbalanciert werden. Gregory begann damit, farbige Papiere zu verwenden, um die klaren und geraden Kanten zu erhalten, die man nicht mit der Hand erzielen kann. Außerdem wollte er mit Flächen flacher Farbe arbeiten.

Ein Origami-Modell von Paul Jackson war die Grundlage dieser Papiervase, die von der Autorin entworfen und hergestellt wurde. Sie besteht aus schwerem Papier, das speziell für diesen Zweck dekoriert wurde. Die schmalen Schablonenstreifen wurden in die entsprechende Position gebracht, um Farben mit der Airbrush-Technik aufzutragen. Bei den folgenden Farben wurden sie verschoben. So entsteht der Eindruck von Blumenstielen, die man durch das Wasser einer Glasvase sieht.

Lampenhalter im Kerzenhalterstil können reizvoll durch Schirme aus marmoriertem Papier vervollständigt werden. Die Schirme werden aus einer breiten Palette von Papieren hergestellt, die von Compton Marbling entworfen werden. Das Unternehmen vertreibt seine große Auswahl marmorierter Papiere international.

Diese Schmuckgegenstände aus Papier umfassen Ohrringe, Broschen und Halsketten. Sie wurden von der Autorin aus verschiedenartig dekorierten Papieren hergestellt. Die Idee für einige der Ohrringe stammt von Florence Temko, einer Origami-Künstlerin. Die Autorin dankt ihr für die Unterstützung. Papierschmuck ist zwar vergänglicher Natur, kann aber sehr dekorativ sein. Zusammenpassende Stücke können speziell entworfen werden, um das Oufit zu vervollständigen. Abschnitte lassen sich wirkungsvoll für vielfältige Einzelgegenstände verwenden. Das Herstellen von Papierschmuck kann schnell zur begeisternden Beschäftigung werden, und das benötigte Material kann man sich leicht besorgen.

Ihre große Begeisterung für das Kunsthandwerk des Buchbindens führte Dalma Flanders zur Papiergestaltung. Sie war unzufrieden mit dem Angebot ungeeigneter Vorsatzpapiere; so begann sie, eigene Blätter herzustellen. Dann entschied sich Dalma, in andere Bereiche vorzustoßen, in denen sie ihr Schmuckpapier verwenden konnte. Ihre Beschäftigung mit Utensilien für Schreibtische hat sich als erfolgreich erwiesen. Ständig sucht sie nach neuen Ideen, die sie in die Reihe ihrer Produkte aufnehmen kann. Die Möglichkeiten, Farben zusammenzustellen und ineinander übergehen zu lassen, faszinieren sie.

Dekorationstechniken

In diesem Abschnitt werden sechs verschiedene Methoden des Dekorierens von Papier erklärt. Diese reichen von sehr einfachen bis zu relativ komplizierten Verfahren. Welche Technik Sie auch wählen, es wird nicht lange dauern, bis Sie so gute Ergebnisse erzielen, daß Sie mit den Gestaltungsaufgaben im letzten Teil des Buches beginnen können.

Machen Sie sich vor dem Dekorieren Gedanken darüber, wie das Papier verwendet werden soll, damit der Entwurf möglichst gut zur Geltung kommt.

Beim Auswählen der Farben, mit denen Sie arbeiten wollen, sollten Sie die Tönung des Papiers berücksichtigen, denn sie beeinflußt das Endergebnis. Testen Sie die Farben auf Papierresten.

Kleister

Diese Methode der Papiergestaltung gehört zu den einfachsten und dankbarsten Verfahren. Entwürfe werden angefertigt, indem man Kleister auf einen Stempel aufträgt und anschließend Papier damit »bedruckt«. Bei der oft praktizierten Arbeitsweise wird das Papier mit farbigem Kleister bedeckt und ein das ganze Blatt umfassender Entwurf »gezeichnet«.

Man benötigt:

- Tapetenkleister oder Mehlstärke
- Farben auf Wasserbasis
- Papier, Gewicht mindestens 100 g/qm
- Schalen zum Mischen
- Pinsel zum Mischen und Auftragen
- Altpapier – alte Zeitungen
- Geräte zum Herstellen der Muster, z. B. Gabeln, Kratzer, Karton usw.
- natürliche oder synthetische Schwämme
- einfache Stempel, Korken, Schnüre usw.

• Die einfachste Art von Kleister, mit der man arbeiten kann, ist der Tapetenkleister. Er ist einfach zu mischen, obwohl die Wirkung am Ende etwas grob werden kann. Wenn man feinere Effekte erzielen will, sollte man mit der Mehlstärke arbeiten.

• Rühren Sie Kleister nach der Gebrauchsanweisung auf der Packung an. Nehmen Sie etwas weniger Wasser als vorgeschrieben – wenn erforderlich, kann der Kleister später leicht verdünnt werden.

• Fügen Sie Farbe hinzu und rühren Sie diese gut unter, so daß keine Streifen oder Klumpen entstehen. Es empfiehlt sich, die Intensität der Farbe auf einem Stück Papier zu prüfen. Dabei ist aber zu bedenken, daß die Farbe anders aussehen kann, wenn sie trocken ist.

3

• Legen Sie das Papier auf eine Unterlage aus Altpapier. Man trägt eine größere Menge gefärbten Kleisters an einem Rand des Papiers auf und verteilt ihn mit einem breiten Pinsel gleichmäßig.

4

• Ziehen Sie mit dem »Kamm« ein Muster in den Kleister. Es ist wichtig, schnell zu arbeiten, weil der Kleister schnell trocknet. Wenn Ihnen das Muster nicht gefällt, können Sie das Ganze überpinseln und noch einmal beginnen.

5

• Es gibt viele Möglichkeiten, diese Methode anzuwenden. Man kann die Paste mit einem Schwamm auftragen, wenn sie fast trocken ist. Dann legt man ein sauberes, dünnes Stück Papier darauf, reibt es fest und zieht es ab.

6

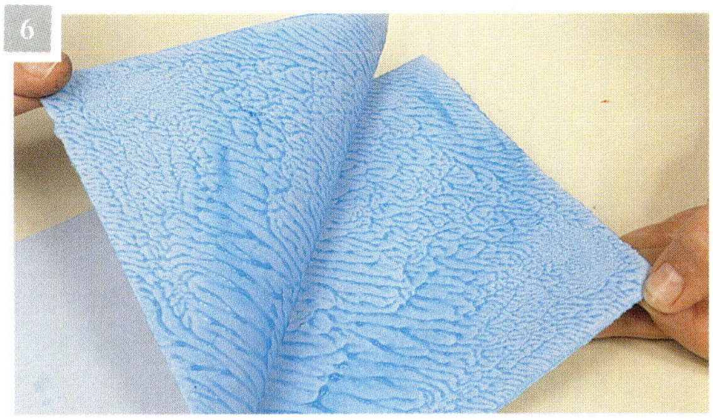

• Zwei Blätter können mit Kleister eingestrichen, zusammengepreßt und wieder auseinandergezogen werden. So entstehen zwei federartige, linienhafte Muster und fast identische Papierstücke, die man gut für Buchdeckel nehmen kann.

7

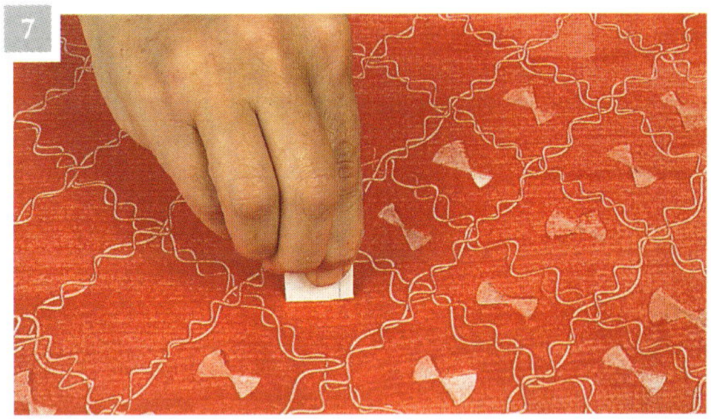

• Eine andere Art des Dekorierens besteht darin, das Blatt in Quadrate einzuteilen und ein Muster in die Felder zu »drucken« oder zu »zeichnen«. Für diese Arbeit eignet sich die feine Mehlstärke besser.

• Je nach Dicke des Kleisters benötigt Papier mehr oder weniger Zeit, um zu trocknen. Dabei können Wellen entstehen. Falls nötig, kann das trockene Papier auf der Rückseite gebügelt oder unter einen Bücherstapel gelegt werden.

• Zur Herstellung der Mehlstärke mischt man 25 g Mehl mit 50 ml kaltem Wasser in einem Topf. Dann werden 150 ml kochendes Wasser langsam eingerührt. Man läßt das Ganze unter ständigem Rühren zwei Minuten weiterkochen. Dabei wird der Kleister immer dicker. Man muß weiterrühren, damit er nicht zu dickflüssig wird. Beim Abkühlen dickt der Kleister nach; man kann noch etwas Wasser hinzufügen und die Mischung durch ein Sieb geben, falls sie klumpt.

STEMPELDRUCK

Wie bei der vorherigen Methode gibt es hier einfachere und deutlich kompliziertere Verfahren. Die Möglichkeiten sind nahezu unbegrenzt. Alte Zeitungen können mit gewöhnlichen Haushaltsemulsionen bemalt werden, um preisgünstiges Material für Experimente zu verwenden. Die Papiere können so gestaltet werden, daß ein über die ganze Fläche gehendes Muster entsteht. Oder man kann mehr einem Zufallsstil folgen. Es ist ziemlich leicht, ein Motiv von einem bestehenden Artefakt zu übernehmen und einen Stempel herzustellen. Mit dem Stempel kann dann die innere Ausschmückung ausgeführt werden. Aber denken Sie daran, daß der Druck seitenverkehrt erscheint, wenn man die Vorlage vor dem Schneiden des Stempels nicht wendet.

Es gibt zwei wichtige Methoden des Stempeldrucks. Die einfachste Methode besteht darin, Farbe auf den Stempel aufzutragen und ihn dann auf das Papier zu drücken. Alternativ kann Tusche mit einer Rolle auf eine glatte Oberfläche aufgetragen werden. Anschließend drückt man den Stempel in die Tusche; schließlich wird das Papier vorsichtig auf das Muster gedrückt, angehoben und getrocknet.

MAN BENÖTIGT:

- Farbe oder Tusche, entweder auf Öl- oder auf Wasserbasis
- Papier, 100 g/m^2 oder schwerer
- Teppichmesser
- Kartoffel
- Radiergummi
- Holzklotz
- Stempelkissen
- Linoleum
- Linoleummesser
- Gläser oder Formen
- Rolle
- Lappen und Spiritus zum Reinigen.

• Die Farben auf Wasserbasis funktionieren mit allen oben angeführten Stempelmaterialien gut. Eine Ausnahme ist das Linoleum, das sich besser für Farben auf Ölbasis eignet. Ein einfaches Stempelkissen erhält man, wenn man ein Stück Schaumstoff mit Farbe tränkt. Diese Methode empfiehlt sich bei Kindern, weil sich die Verschmutzungen so in Grenzen halten. Ob man den Hintergrund farbig gestaltet, hängt davon ab, was man mit dem Papier machen möchte. Es kann entweder farbiges oder vorher angemaltes Papier genommen werden.

• Die einfachsten Stempel können aus Kartoffeln geschnitten werden. Diese Methode eignet sich besonders gut für das Drucken einfacher geometrischer Formen. Man kann mit anderen einfachen Gegenstän-

den drucken: Korken, Pappröhren und Polystyrolstücke. In diesem Beispiel wird mit zwei »Kartoffelstempeln« gearbeitet, deren Muster sich ergänzen.

• Zweifarbige Muster lassen sich durch gleichzeitigen Einsatz von zwei Stempeln anfertigen. Man sollte jeweils einen Stempel für eine Farbe verwenden, damit sich die Farben nicht vermischen.

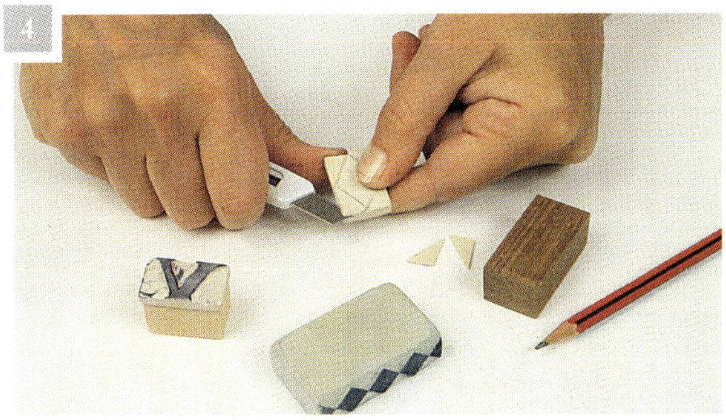

• Einen Stempel mit feineren Details kann man mit einem Teppichmesser aus einem Radiergummi schneiden. Radiergummistempel sind haltbarer als Kartoffelstempel.

• Man kann die zu bedruckende Oberfläche besser bearbeiten, wenn man den Radiergummi auf einen Holzklotz klebt.

• Schon professioneller ist die Herstellung eines Linolschnitt-Stempels. Außerdem kann man mit dieser Methode größere Flächen bedrucken. Für diese Technik gibt es spezielle Materialien und Werkzeuge. Mit Kohlepapier läßt sich der Entwurf vor dem Schneiden auf das Material übertragen.

• Verwenden Sie eine Rolle, um Tinte auf die Linolstempel zu übertragen. Zuerst kommt die Tusche auf eine glatte Oberfläche. Die Rolle wird hin und her gerollt, so daß sich die Farbe gleichmäßig auf der Rolle verteilt.

• Dann wird die Rolle mit gleichmäßigem Druck über die Oberfläche des Stempels geführt. Danach legt man den Stempel auf das Papier und drückt ihn fest auf das Papier. Er muß so vorsichtig entfernt werden, daß das Muster nicht verschmiert wird. Man kann sich ergänzende positive und negative Stempel schneiden. Wenn man die beiden Stempel zusammen einsetzt, können vielfältige Muster kreiert werden.

SCHABLONEN

Das Dekorieren zweidimensionaler Oberflächen mit Hilfe von Schablonen ist eine traditionelle Methode, die weltweit seit Hunderten von Jahren zur Anwendung kommt. Die Japaner haben besondere Fertigkeiten entwickelt, außerordentlich feine und komplizierte Schablonen herzustellen. Die Verwendung von Schablonen war eine frühe Technik, mit der man farbige Darstellungen anfertigte. Für jede Farbe wurde eine besondere Schablone hergestellt. Schablonenentwürfe werden oft bei der Textilgestaltung verwendet. Die Schablonen kann man aus vielen verschiedenen Materialien herstellen. Beim Auftragen der Farben werden unterschiedliche Geräte eingesetzt. Welche Schablone man nimmt, hängt vom späteren Gebrauch des Papiers ab. Schablonen verschiedener Größe sind im Handel erhältlich; man kann Schablonen aus speziell gewachstem Schablonenpapier, aus dünnem Karton, Papier oder Acetatfolie schneiden. Karton und Papier sind weniger haltbar. Wachspapier kann man lackieren, so daß die Schablone leichter zu reinigen ist.

- Beim Kolorieren der Schablonenformen gibt es ebenfalls viele Möglichkeiten. Man kann Filzstifte, Schwämme, Schablonenpinsel, Zerstäuber oder Airbrush einsetzen. Jede Methode hat ihre eigenen Reize. Die geeignete oder bevorzugte Methode kann man nur durch Experimentieren entdecken.

Filzstifte eignen sich besonders gut für feine Muster und zur Betonung der Umrißlinien.

MAN BENÖTIGT:

- Papier, ab 70 g/m^2, je nach späterer Verwendung
- Schablonenmaterial, dünner Karton, Acetatfolie, gewachstes Schablonenpapier
- Teppichmesser oder Skalpell
- Filzstifte oder Farben auf Wasserbasis
- Schwämme
- Palette
- Schablonenpinsel
- Farbspritzgerät (Airbrush).

- Man sollte den Entwurf zunächst auf normalem Papier vorzeichnen und dann auf das Schablonenmaterial übertragen. Es empfiehlt sich, mit einfachen Formen anzufangen, um die Möglichkeiten der Methode kennenzulernen.

1

SCHABLONENPINSEL

- Wenn Sie einen Schablonenpinsel verwenden, streifen Sie die überschüssige Farbe immer ab. Der Pinsel sollte fast trocken sein, so daß die Farbe nicht unter den Rand der Schablone läuft und kein verschwommener Umriß entsteht. Man muß den Pinsel senkrecht halten und die Farbe auf das Papier tupfen. Entfernen Sie die Schablone vorsichtig, damit die Farbe nicht verschmiert wird. Bevor die Schablone wieder auf das Papier gelegt wird, sollte man prüfen, ob die Unterseite sauber ist.

2

• Es ist möglich, mit beiden Teilen einer Schablone zu arbeiten. Indem man sie entweder getrennt oder zusammen einsetzt, läßt sich eine Vielzahl von Mustern erreichen. Durch Verwendung farbigen Papiers haben Sie weitere Variationsmöglichkeiten.

3

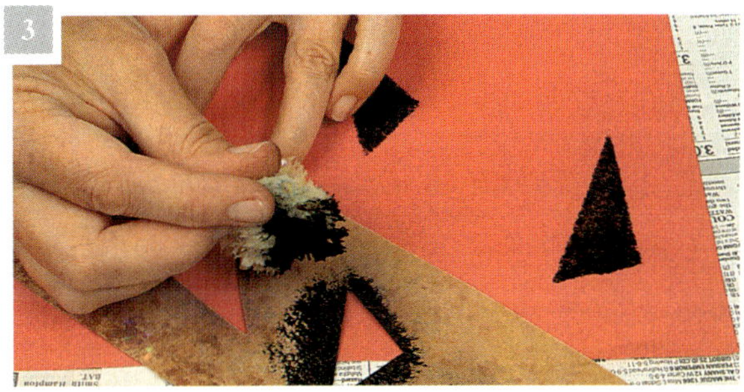

Schwämme

• Beim Arbeiten mit Schwämmen muß man darauf achten, daß die Umrandung der ausgeschnittenen Form größer als der Schwamm ist, damit die Stellen, die nicht bedruckt werden sollen, geschützt werden. Man kann die angrenzenden Bereiche auch mit Altpapier abdecken. Der Schwamm sollte ebenfalls trokken verwendet werden, damit die Strukturen besser herauskommen. Sie benötigen sicherlich mehrere Schwämme.

4

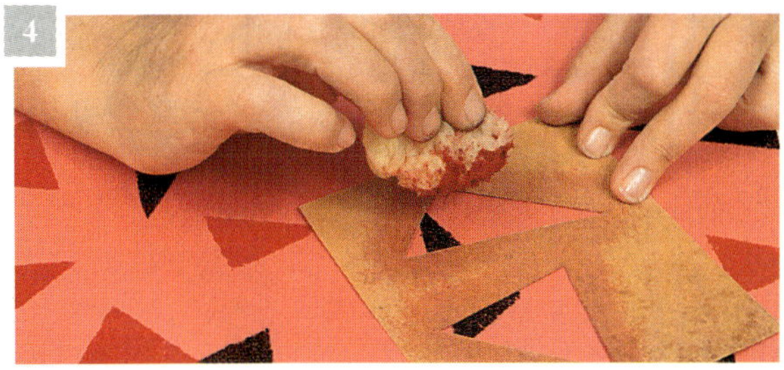

• Dieselbe Schablone kann für zwei verschiedene Farben genommen werden. Man läßt die erste Farbe trocknen, legt die Schablone wieder auf das Blatt und trägt dann die zweite Farbe auf.

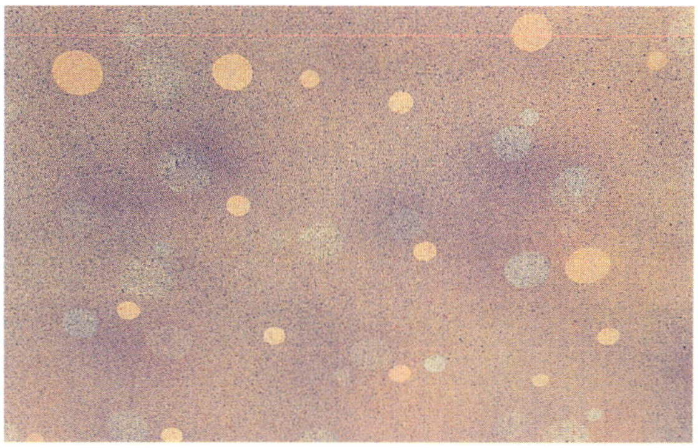

Spritzen

• Man kann große Flächen dekorieren, indem man Streifen und Formen, die aus einem Stück Papier herausgerissen oder -geschnitten wurden, auf den großen Bogen legt und dann Farbe darüber spritzt. Die Farbe sollte stark verdünnt werden, so daß sie mit einem Zerstäuber, Farbspritzgerät oder einer Bürste mit steifen Borsten gespritzt werden kann. Beim Arbeiten mit der Bürste hält man die Borsten nach oben und zieht ein Stück Karton darüber, so daß Farbtropfen auf das Papier fallen. Probieren Sie es zuerst auf einem Stück Altpapier aus. Später kann eine zweite Farbe aufgespritzt werden.

• Wenn es auf die genaue Position der einzelnen Schablonenmuster ankommt, kann man zum Beispiel mit einem Bleistiftstrich, der später ausradiert wird, arbeiten. Die Schablone wird an die Linie gelegt. Man kann auch mit einem wischfesten Stift auf einer Schablone aus Acetatfolie arbeiten und Punkte auf einer zweiten Schablone markieren, um sie mit Punkten auf der ersten Schablone in Übereinstimmung zu bringen.

FALT- UND FÄRBETECHNIK

Diese Methode stammt aus Japan. Mit ihr lassen sich sehr dekorative Muster auf Papier herstellen. Man benötigt dünnes und saugfähiges Papier. Das fertige Design muß in der Regel auf ein anderes Blatt Papier geklebt werden, damit man es für die weitere Verarbeitung benutzen kann. Methoden des Zusammenklebens zeigen wir später im Abschnitt »Grundtechniken«. Die Methode erfordert eine große Arbeitsfläche, die mit alten Zeitungen abgedeckt werden sollte, um ungewollte Farbflecken zu vermeiden.

MAN BENÖTIGT:

- Saugfähiges Papier, das sich im feuchten Zustand nicht auflöst: bestimmte Papiertücher, Japanpapier
- Farbstoffe: Lebensmittelfarbe, Tusche oder Seidenfarben
- dünne Gummihandschuhe
- Palette
- Küchenpapier
- Rolle
- Zeitungspapier
- Bügeleisen.

Die gestrichelten Linien und die Strich-Punkt-Linien zeigen, wie das Papier in Falten gelegt werden muß, damit eine Ziehharmonika-Faltung entsteht.

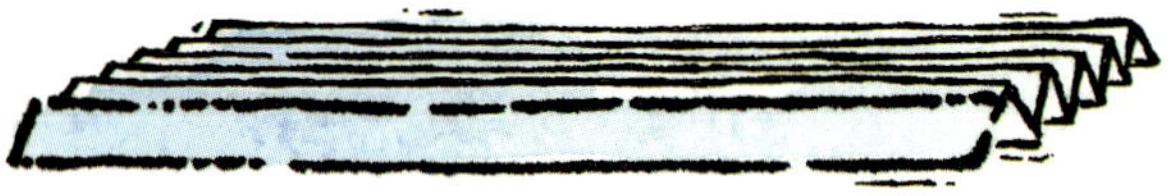

Die fertige Ziehharmonika-Faltung

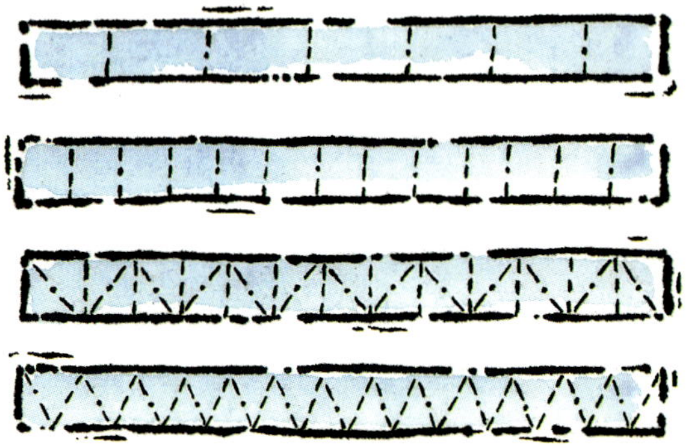

Diese vier Diagramme zeigen verschiedene Variationen der Ziehharmonika-Faltung.

- Nachdem das Papier zu einem kleinen Päckchen gefaltet wurde, kann man es färben. Die Farben werden auf kleine, stabile Gefäße verteilt. Man drückt das Päckchen fest zusammen und taucht die Ecken und Ränder in die Farbe. Je nach Saugfähigkeit des Papiers breiten sich die Farben aus; dadurch entsteht ein Muster.

- Nun legt man das Papier auf eine alte Zeitung und faltet es teilweise auseinander. Der gefaltete Streifen wird mit einem anderen Stück Papier bedeckt. Man übt entweder mit der Hand oder mit der Rolle Druck aus, damit überschüssige Feuchtigkeit absorbiert wird und sich die Farbe nicht weiter ausbreiten kann.

• Der nächste Schritt ist schwierig, da das Papier leicht einreißt und vorsichtig angefaßt werden muß. Das Papier wird angehoben und auseinandergefaltet. Zum Trocknen wird es auf einer Zeitung ausgebreitet. Tragen Sie dabei die Gummihandschuhe, wenn keine Farbe auf die Finger und Nägel kommen soll.

• Das trockene Papier kann vorsichtig gebügelt werden. Die Bruchlinien bleiben sichtbar und sollten als Teil des Design betrachtet werden.

TIPS

• Wenn Sie das Papier vor dem Färben befeuchten, wird die Saugfähigkeit gesteigert, so daß die Muster ein weicheres Erscheinungsbild bekommen.
• Sie können eine Farbe in unterschiedlichen Intensitäten verwenden. So entstehen feine Abstufungen.
• Sie müssen nicht das ganze Blatt einfärben. Einige Stellen können als Teil des Design weiß bleiben.

BESCHICHTETE PAPIERE

Diese Methode ist originell, außergewöhnlich und vollkommen experimentell, bringt aber interessante und überraschende Effekte. Die Methode wurde von den sogenannten »Pflanzenpapieren« abgeleitet, die immer beliebter werden. Beim traditionellen Verfahren werden Blumen während der Papierproduktion hinzugefügt.

MAN BENÖTIGT:

• Papier, 70 bis 140 g/m^2
• sehr leichtes Deckpapier
• gepreßte Blumen oder Papierstücke
• verdünnter PVA-Klebstoff oder Schmelzklebefolie
• Bügeleisen.

• Zuerst muß die Größe des zu beschichtenden Papiers festgelegt werden. Beide Blatt Papier werden etwas größer als erforderlich ausgeschnitten. Das schwere Papier wird auf Zeitungspapier gelegt und mit verdünntem PVA-Klebstoff eingestrichen. Man läßt ihn trocknen.

• Legen Sie die vorher gepreßten Blumen oder Papierstücke in die gewünschte Position.

• Das Deckblatt wird darüber gelegt und mit einem dünnen Stück Altpapier bedeckt. Es wird vorsichtig mit einem warmen bis heißen Bügeleisen gebügelt.

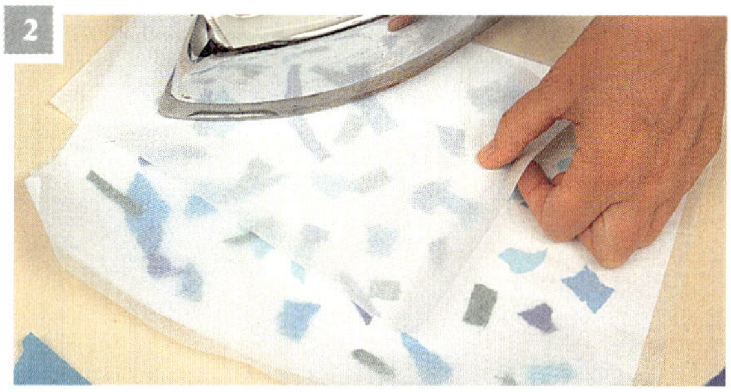

• Wenn Sie mit der Schmelzklebefolie arbeiten, wird diese auf das untere Blatt gebügelt. Danach müssen Sie die Schutzfolie abziehen und die Stücke an die richtigen Stellen legen. Das Deckblatt wird danach darüber gelegt und gebügelt. Da dieses Papier sehr dünn ist, ist es ratsam, fettabweisendes Papier dazwischen zu legen, damit kein Klebstoff aus Versehen an das Bügeleisen kommt.

MARMORIERTE PAPIERE

Das marmorierte Papier ist wahrscheinlich die bekannteste Schmuckpapierart. Heutzutage werden damit viele Gegenstände verschönert. Marmorierte Papiere wurden ursprünglich nur von Buchbindern verwendet, werden aber inzwischen auch bei der Gestaltung von Einrichtungsgegenständen benutzt.

Die Technik existiert in ihren verschiedenen Formen seit mehreren hundert Jahren. Die Dekorationen werden mit fließenden Farben auf einer nassen Oberfläche hergestellt. Man zeichnet Muster in die Farbe, bevor diese auf ein anderes Material übertragen wird. Das heute bekannte Verfahren soll in Osteuropa erfunden worden sein, aber die Entstehungsgeschichte ist genauso verschwommen wie die Motive selbst. Einzelne Arbeitsschritte wurden geheim gehalten, um der Konkurrenz keine Informationen zu geben. Auch heute herrscht noch eine gewisse Vorsicht unter den Künstlern, die ihre Marmoriertechniken für sich behalten.

Es gibt drei anerkannte Methoden des Marmorierens – sie reichen von einfachen bis zu komplizierten Verfahren. Natürlich bietet die komplizierteste Methode die größten Einflußmöglichkeiten. Nur zwei Verfahren werden hier beschrieben, wobei das schwierigste ausgelassen wird. Für die unten behandelten Methoden benötigt man Ölfarben und Materialien, die man sich leicht beschaffen kann. Schon nach wenigen Versuchen können Sie befriedigende Erfolge erzielen. Die Grundfertigkeiten werden Sie sich schnell aneignen, auch wenn Sie noch keine Erfahrung mit der Technik haben.

METHODE 1

Die erste Mamorierungstechnik ist einfach und liefert mit einem geringen Aufwand schnell ansprechende Ergebnisse. Es ist jedoch ratsam, die Arbeitsfläche mit Arbeitspapier abzudecken, da sich die verwendeten Ölfarben zwar entfernen lassen, aber Flecken hinterlassen können.

MAN BENÖTIGT:

- Papier, 90 bis 120 g/m²
- breite Schale – ein Backblech oder eine Entwicklerschale
- Ölfarben, Studienqualität
- Spiritus oder Terpentin
- Gefäße für die Farben
- Pinsel zum Mischen
- Zeitungspapier zum Reinigen
- Tropfpipetten
- Stäbchen und Strohhalme
- Abfallbehälter.

1

• Vor Arbeitsbeginn sollten Sie alles vorbereiten. Füllen Sie die Schale mit Wasser und warten Sie, bis es Raumtemperatur hat. Wählen Sie zwei oder mehr Farben und mischen sie diese getrennt mit Spiritus oder Terpentin. Die Farben sollten gut durchmischt und so dünn sein, daß sie vom Pinsel abtropfen. Die Farben verteilen sich auf der Wasseroberfläche. Wenn dies nicht der Fall ist, muß die Farbe noch stärker mit Terpentin verdünnt werden. Man läßt die Farbe noch einmal auf die Wasseroberfläche tropfen. Wenn sich die Farbe dann immer noch nicht verteilt, könnte die Wassertemperatur nicht stimmen. Verteilt sich die Farbe zu stark, dann gibt man etwas Ölfarbe nach.

2

• Haben die Farben die richtige Konsistenz, entfernt man sie von der Wasseroberfläche mit Zeitungspapierstreifen. Diese sollten die Breite der Schale und eine Tiefe von 7 cm haben. Die nassen und mit Farbe verschmierten Papierstreifen werden in den Abfallbehälter getan.

Das Papier sollte etwas kleiner als die Schale sein. Bereiten Sie mehrere Blätter, die unterschiedliche Färbungen haben können, vor, damit der laufende Prozeß des Marmorierens nicht unterbrochen werden muß.

• Man nimmt mit dem Pinsel verdünnte Farbe auf und gibt sie auf die Wasseroberfläche. Mit der Tropfpipette hat man mehr Kontrolle über die Entwicklung.

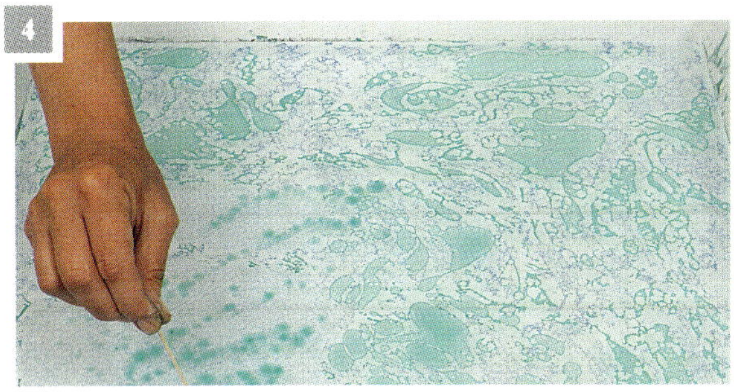

• Wenn die Wasseroberfläche gleichmäßig bedeckt ist, können die Farben mit einem Stäbchen umgerührt werden. Oder man bläst in einen Strohhalm, so daß ein lockeres Muster entsteht. Arbeiten Sie schnell, damit sich die Farben nicht zu sehr vermischen.

• Nehmen Sie ein Blatt Papier und halten Sie es an den diagonal gegenüberliegenden Ecken fest. Lassen Sie es mit einer rollenden Bewegung auf die Wasseroberfläche gleiten. Es dürfen keine Luftblasen zwischen dem Papier und der Wasseroberfläche entstehen. Die Wasseroberfläche wird wieder mit Zeitungspapierstreifen abgeschöpft, wenn ein neues Muster angefertigt werden soll.

• Nachdem das Blatt Papier flach auf der Wasseroberfläche gelegen hat, wird es an zwei Ecken hochgezogen. Man läßt das Wasser einen Augenblick abtropfen. Legen Sie das Papier mit dem Muster nach oben auf Zeitungspapier, damit es trocknet.

• Ein einfarbiges Muster auf gefärbtem Hintergrund kann sehr wirkungsvoll sein.

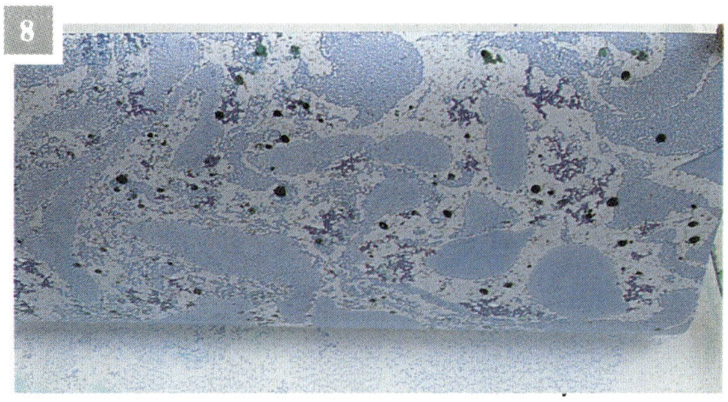

• Muster können auch mit zwei oder mehr Farben auf weißem oder getöntem Papier hergestellt werden.

METHODE 2

Die zweite Methode ist etwas komplizierter, bietet aber Möglichkeiten, Einfluß auf die Entwicklung zu nehmen. Mit dieser Methode bereitet das Experimentieren Freude. Man kann nach kurzer Zeit brauchbares Schmuckpapier herstellen. Die beste Methode des Lernens ist das Ausprobieren.

Die Zahl der benötigten Hilfsmittel ist etwas größer als bei der ersten Methode. Die Ölfarben schwimmen auf dem Leimbad, so daß die Farbtropfen besser positioniert werden können. Ochsengalle wird den Farben zugegeben und dient als Dispergierhilfe, weil sie die Oberflächenspannung des Leims herabsetzt. Decken Sie auch hier wieder die Arbeitsfläche mit alten Zeitungen ab. Wie bei der ersten Methode ist es ratsam, vorher alles bereitzustellen. Stellen Sie den Leim her, verdünnen Sie die Ölfarben, schneiden Sie die Zeitungspapierstreifen zu und bereiten Sie die Blätter vor, die marmoriert werden sollen.

MAN BENÖTIGT:

- Papier, 90 bis 120 g/m²
- breite Schale
- Tapetenkleister
- Mischgefäß oder Eimer
- Sieb
- Ölfarben, Studienqualität
- Spiritus oder Terpentin
- Ochsengalle
- Gefäße für Farben
- Pinsel
- Tropfpipetten
- Stäbchen oder Kämme
- Abfallbehälter
- dicker Karton
- doppelseitiges Klebeband
- lange Stecknadeln
- Lineal
- Bleistift.

1

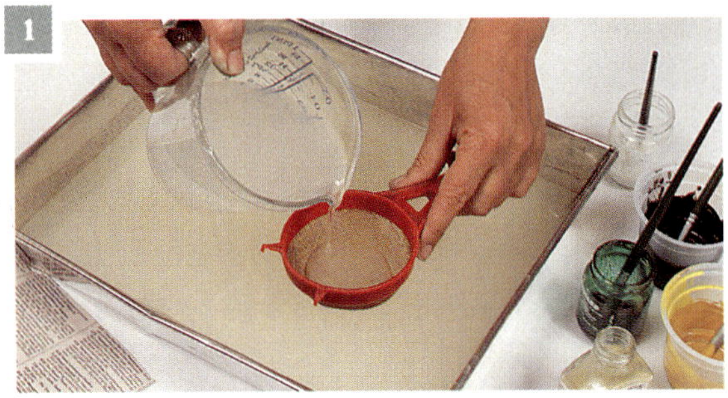

• Zur Herstellung des Leimbads mischen Sie etwa einen gehäuften Eßlöffel Tapetenkleister in Pulverform mit einem Liter lauwarmen Wasser. Rühren Sie, bis die Lösung gleichmäßig durchgemischt ist. Eventuell muß die Lösung durch ein Sieb in die Schale gegeben werden. Nehmen Sie eher etwas weniger Wasser, denn der Leim kann später leicht verdünnt werden. Es ist schwieriger, die Flüssigkeit nachher gleichmäßig einzudicken.

2

• Wenn das Leimbad und die Ölfarben angerührt sind, kann Ochsengalle hinzugefügt werden. Dieser Schritt ist schwierig, denn jede Farbe reagiert anders auf die Ochsengalle, wobei auch die Temperatur des Raums und des Leimbads eine Rolle spielen.

3

• Fügen Sie die Ochsengalle tropfenweise mit der Pipette hinzu. Geben Sie zunächst etwa acht Tropfen auf drei Teelöffel Farbe, mischen und testen Sie anschließend. Ein Tropfen Farbe sollte auf dem Bad einen Kreis mit einem Durchmesser von etwa 2,5 cm ergeben. Verteilt sich die Farbe nicht, müssen Sie mehr Ochsengalle nachgeben. Verteilt sich die Farbe zu stark, sollten Sie verdünnte Ölfarbe hinzufügen. Wenn die Farbe absinkt oder sich gar nicht ausbreitet, könnte die Badflüssigkeit zu dickflüssig sein. Dann rühren Sie vorsichtig und gleichmäßig Wasser in das Leimbad. Es sollte annähernd Raumtemperatur haben.

Reinigen Sie anschließend die Oberfläche des Leimbads mit den Zeitungspapierstreifen. Ihre Länge sollte der Breite der Schale entsprechen. Ihre Breite beträgt etwa 7 cm. Benutzte Streifen wirft man in den Abfallbehälter.

• Jetzt können Sie mit der Gestaltung beginnen. Spritzen Sie mit einem Pinsel Tropfen auf die Oberfläche des Leims, indem Sie mit dem Pinselstiel gegen die Schale klopfen. Auf gleiche Weise können Sie die zweite oder dritte Farbe aufbringen.

Wenn Sie ein Stäbchen oder eine Stricknadel langsam und vorsichtig durch die Farben ziehen, können Sie das Muster verändern. Sie sollten versuchen, an der Oberfläche zu arbeiten, damit der Leim möglichst wenig gestört wird. Wenn Ihnen das Muster gefällt, kann es auf Papier übertragen werden.

• Halten Sie das Papier diagonal an zwei gegenüberliegenden Ecken und legen Sie es auf die Oberfläche, indem Sie es langsam von einer Seite zur anderen abrollen. Es darf keine Luftblase zwischen Leim und Papier entstehen, damit es beim fertigen Entwurf keine unerwünschten und unattraktiven weißen Flecken gibt.

Nachdem das Blatt flach auf der Oberfläche des Leims gelegen hat, wird es an zwei Ecken festgehalten und an einer Seite langsam hochgezogen. Den überschüssigen Leim läßt man abtropfen. Das Papier wird, mit dem Muster nach oben, auf einem Stapel Zeitungspapier zum Trocknen ausgelegt. Wenn der Leim sehr dickflüssig ist, kann das Papier vorsichtig abgespült werden. Schöpfen Sie nun die Oberfläche des Leimbads wieder mit Papierstreifen ab.

• Gleichmäßige Muster erhält man mit folgender Methode, wobei die Farben unter Umständen aufeinander abgestimmt werden müssen. Sie benötigen eine größere Menge Ochsengalle für jede nachfolgende Farbe. Es ist dabei wichtig, vorher die Farbkombinationen und das Verteilungsverhalten zu prüfen.

• Mit dieser Arbeitsweise kann man Entwurfsreihen entwickeln, da man die Positionen der Farbtropfen und die Art der Veränderung der Farbanordnung mit Hilfe von Stäbchen und Kämmen besser bestimmen kann.

MARMORIERKÄMME

• Man kann Marmorierkämme kaufen, aber auch leicht in verschiedenen Größen selbst herstellen.

• Schneiden Sie zwei Streifen aus einem dicken Karton zurecht. Ihre Länge soll etwa der Breite der Schale entsprechen. Die Breite beträgt 5 cm. Auf einem Streifen werden Punkte in regelmäßigen Abständen markiert, zum Beispiel alle 0,5 cm. Das doppelseitige Klebeband wird auf den Streifen geklebt.

• Legen Sie lange Stecknadeln auf die Markierungen. Sie sollen etwa 1 cm überstehen. Kleben Sie ein Stück Klebeband auf den anderen Streifen. Beide Streifen werden zusammengepreßt.

• Wenn Sie den Kamm mit Kunststoffolie umwickeln, hält er länger.

Materialien und Hilfsmittel

Das Material, das in diesem Buch hauptsächlich Verwendung findet, ist Papier. Dieses auf den ersten Blick wenig aufregende Material taucht in vielfältiger Form auf. Sie sollten die verschiedenen Qualitäten kennen, damit Sie das richtige Papier für Ihr Projekt auswählen können.

Die Papiere, die in diesem Buch verwendet werden, wurden gekauft, obwohl die Kunst der Papierherstellung leicht erlernbar ist. Die meisten benötigten Papierarten können Sie in Schreibwaren- und Bastelgeschäften kaufen. Jene Aufgaben, bei denen man spezielles Papier benötigt, können häufig auch mit einfacheren Papierarten durchgeführt werden. Einige Papiergeschäfte bestellen auch benötigte Papiere.

Papier und Karton haben zwei wichtige Eigenschaften – Gewicht und Struktur. Das Gewicht des Papiers wird in Gramm pro Quadratmeter (g/m^2 angegeben. Zu den leichten Papiersorten gehören Seidenpapier, Tissue und ein großer Teil der Japanpapiere, die schön und erstaunlich fest sind. Als Anhaltspunkt kann man von folgenden Gewichtsgruppen ausgehen: Schreibpapier wiegt zwischen 80 und 120 g/m^2 und wird als leicht bis mittelschwer bezeichnet. Mittel- bis schwer sind Papiere mit einem Gewicht von 150 bis 200 g/m^2. Bei einem Gewicht von mehr als 225 g/m^2 spricht man von Karton. Wenn das Gewicht 500 g/m^2 erreicht, handelt es sich um Pappe. Bei Karton und Pappe gibt man manchmal an Stelle des Gewichts die Dicke in Mikrometern an.

Mit der Struktur bezeichnet man die Richtung, in der die Fasern laufen. Handgemachtes Papier hat keine ausgerichtete Struktur, im Gegensatz zu allen anderen, maschinell hergestellten Papiersorten. Ihre Fasern werden durch den Lauf der Förderbänder ausgerichtet. Bei den meisten Projekten dieses Buches sollte die Struktur des Papiers berücksichtigt werden.

Die Struktur verleiht dem Papier bestimmte Eigenschaften. Das Papier kann in Faserrichtung leichter geknickt, gewickelt, gefaltet oder gerissen werden als quer zur Faserrichtung. Wenn entsprechend strukturiertes Papier mit Wasser oder Klebstoff angefeuchtet wird, kann es ungleichmäßig trocknen und Wellen bilden. Um dies zu verhindern, kann man das Papier auf beiden Seiten befeuchten und unter Druck trocknen lassen.

Papier hat viele Eigenschaften, die auf die Art der Herstellung zurückzuführen sind. Gefärbtes Papier wird durch Zugabe von Pigmenten zum Papierbrei produziert. Das Papier kann auch eine bestimmte Textur durch Zugabe von Fasern oder durch Einsatz von Rollen erhalten. Die Rollen erzeugen aufgerauhte oder besonders glatte Oberflächen. Die Saugfähigkeit des Papiers kann durch Zugabe von Gelatine oder Stärke während des Herstellungsprozesses beeinflußt werden.

Papier gibt es in verschiedenen Größen und verschiedenen Standards. Die häufig verwendeten Größen reichen von DIN A1 bis A6. A1 mißt 84 × 59 cm, A2 ist halb so groß (42 × 59 cm) usw. Laufen bei einem Format die Fasern in Längsrichtung, so laufen sie bei der nächstkleineren Papiergröße häufig quer zur Längsseite, wenn das Papier von derselben Papierrolle geschnitten wurde. Man kann ganze Papierrollen kaufen; das bedeutet aber die Abnahme einer großen Menge. Es lassen sich damit jedoch große Projekte verwirklichen, wie z. B. handbedruckte Tapeten.

Klebstoff ist ein weiteres wichtiges Material. Der beste Klebstoff ist derjenige, mit dem Sie vertraut sind. Drei Haupttypen werden bei den Projekten dieses Buches verwendet: PVA-Klebstoff, der viele andere Bezeichnungen hat (sie betreffen kleine Qualitätsunterschiede), wie z. B. Schulklebstoff oder weißer Klebstoff. Sprühklebstoff sollte sparsam in gut belüfteten Räumen verwendet werden. Kontaktklebstoff ermöglicht eine exakte Verbindung zweier Teile. Eine dünne Schicht dieses Klebstoffs wird auf beide Teile aufge-

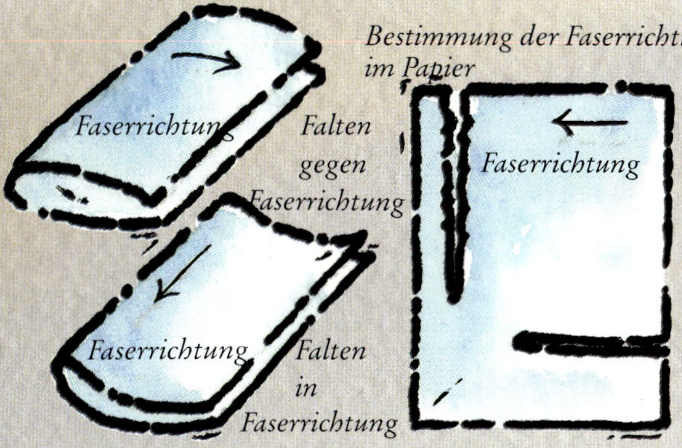

bracht; man läßt sie kurz trocknen und drückt die Teile zusammen. Dieser Klebstoff bildet sehr feste Verbindungen. Schmelzklebstoffolien sind in Kurzwarenläden erhältlich. Dort erhalten Sie auch Gebrauchsanleitungen. Man kann damit zwei verschiedenartige Materialien zusammenkleben.

Grundtechniken

Dieser Abschnitt behandelt die Grundtechniken, die Sie bei den folgenden Projekten kennen sollten.

Abmessen und Schneiden von Papier und Karton

Legen Sie das Papier oder den Karton auf eine Schneideunterlage. Man geht von einer geraden Kante aus. Von der Kante wird die erforderliche Länge abgemessen. Machen Sie mit dem spitzen Bleistift eine Markierung an der entsprechenden Stelle. Schieben Sie das Lineal nach unten. Wieder wird von der Kante aus abgemessen und eine Markierung gemacht.

Zum Zeichnen der Linie drehen Sie das Blatt um 90 Grad, legen das Lineal an und verbinden die Markierungen.

Wenn das Papier oder der Karton geschnitten werden soll, legt man das Lineal oder eine Stahlschiene an die beiden Markierungen an und fährt mit dem Teppichmesser entlang. Dieses Messer ist am besten geeignet. Mit etwas Übung erzielen Sie schnell gute Ergebnisse.

Einkerben

Diese Technik ist sehr nützlich und gibt den fertigen Gegenständen ein professionelles Aussehen, da alle Falten und Knicke sauber aussehen. Auf einer Seite des Papiers oder des Kartons wird eine Kerbe angelegt.

Normalerweise nimmt man ein Falzbein zum Falzen oder den Rücken des Teppichmessers bzw. eines Scherblatts. Die Kerbe entsteht auf der Außenseite des Gegenstands. Das Papier wird nach hinten geknickt. Natürlich gibt es Ausnahmen. Das Einkerben ist häufig nicht so wichtig, vor allem wenn es sich um dünnes Papier handelt. Das Falten von Papier fällt leichter, wenn man das Blatt nach dem Einkerben in unveränderter Position an einem Lineal knickt. Man muß jedoch aufpassen, daß die Kerbe nicht zu tief eingeritzt wird, sonst erhält man zwei Blätter.

Wenn Sie Karton einkerben, müssen Sie bis zur Hälfte der Kartondicke einritzen. Dies muß sehr genau abgeschätzt werden. Üben Sie zuerst mit einem Rest desselben Kartons.

Kerben können nicht nur an geraden Linien angelegt werden. Papier kann auch in Kurven gefalzt werden oder abwechselnd auf beiden Seiten, um eine interessante, bewegte Oberfläche zu erhalten.

Herstellung von Schachteln

Es gibt zwei Methoden, Schachteln herzustellen. Das erste Verfahren kann für kleine bis mittlere Schachteln aus einem Stück leichtem Karton angewandt werden. Die zweite Methode ist gedacht für Schachteln beliebiger Größe, die man aus Pappe herstellen möchte. Hierbei werden die einzelnen Stücke zusammengeklebt. Beide Methoden erfordern keine besonderen Fähigkeiten, aber ein genaues Arbeiten.

Methode 1

- Dieses Beispiel zeigt eine kleine rechteckige Schachtel. Zuerst wird der Grundriß der Schachtel gezeichnet – unter sorgfältiger Beachtung aller Maße. Wenn die Schachtel mit Schmuckpapier bezogen werden soll, muß dies vor dem Zusammenkleben gemacht werden. Wenn die Schachtel aus dekoriertem Karton hergestellt wird, ist auf den Verlauf des Musters zu achten, besonders wenn es über die ganze Fläche läuft. Eine alternative Möglichkeit besteht darin, den Entwurf mit Schablonen oder Stempeldruck an die Form der Schachtel anzupassen.

- Zeichnen Sie den Grundriß mit Hilfe der beschriebenen Meßmethode; achten Sie darauf, daß alle Winkel 90 Grad haben. Kleberänder müssen im Grundriß berücksichtigt werden. Sie sollten etwa 1 cm breit sein. Je größer die Schachtel werden soll, um so größer müssen diese Klappen sein. Die Hälfte der Kanten muß Kleberänder aufweisen. Die Einsteckklappen, mit denen man die Schachtel schließt, können breiter sein und einen spitzeren Winkel haben, damit die Schachtel besser schließt.

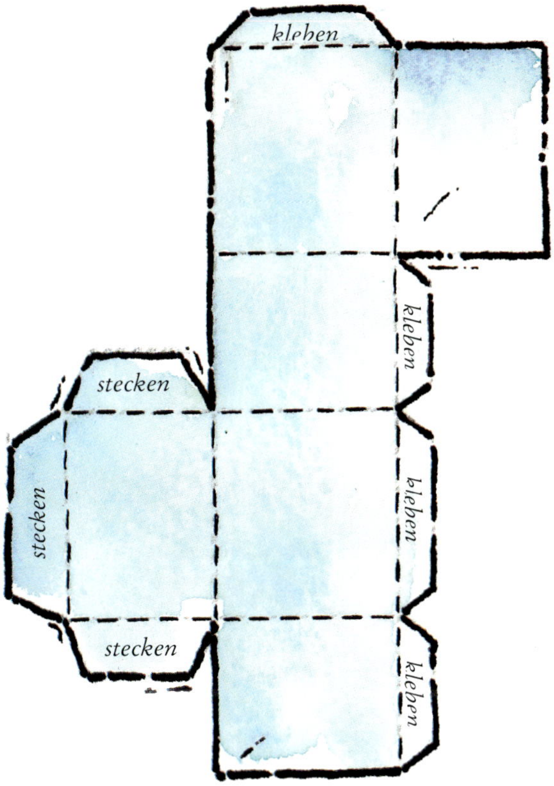

• Schneiden Sie die Form mit einem Teppichmesser oder Skalpell aus. Beim Ausschneiden der Klappen muß man darauf achten, daß man nicht zu weit einschneidet. Schneiden Sie immer nach außen. Die überflüssigen Stücke werden entfernt.
Kerben Sie die ungeschnittenen Linien ein und falten Sie die Schachtel. Vor dem Zusammenkleben sollten Sie prüfen, ob alles genau zusammenpaßt.

METHODE 2

Zuerst muß entschieden werden, welche Größe die Schachtel haben soll. Da die Schachtel durch Zusammenkleben der Ränder hergestellt wird, müssen Sie die Dicke der Pappe berücksichtigen. Deshalb haben zwei Seiten die normale Breite. Bei den anderen beiden Seiten muß die Breite um die doppelte Dicke der Pappe reduziert werden. Beim Boden muß die Dicke ebenfalls berücksichtigt werden. Wenn Sie einen Deckel anfertigen wollen, müssen Sie praktisch eine neue Schachtel herstellen, in die die erste Schachtel paßt und die eine deutlich geringere Höhe hat.

• Um gute Ergebnisse zu erzielen, sollten Sie hochwertige Pappe verwenden – spezielle Pappe kann man kaufen (Graupappe oder Pappdeckel). Sie können auch die Pappe eines Zeichenblocks nehmen. Bei einigen Projekten müssen die Innenseiten nicht beklebt werden, da sie nicht zu sehen sind. Aber im allgemeinen gilt, daß beide Seiten der Pappwände bezogen werden sollten, damit sich der Zug, der vom Klebstoff ausgeübt wird, innen und außen ausgleicht und sich die Schachtel nicht verzieht.

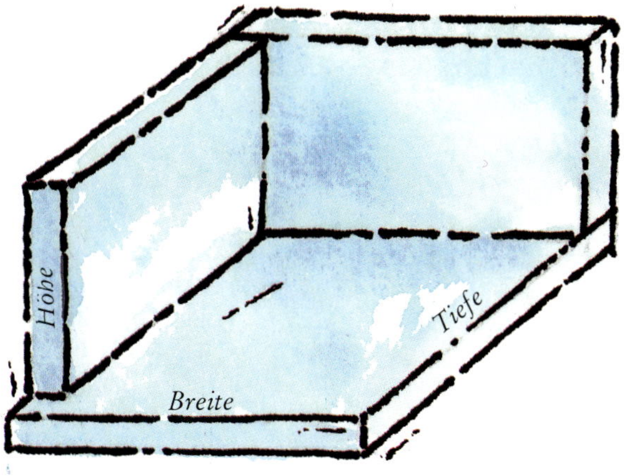

1

• Nachdem Sie sich für bestimmte Maße entschieden haben, markieren Sie die Abmessungen auf der Pappe und schneiden alle Stücke aus. Soll die Schachtel auf der Innenseite beklebt werden, so muß dies jetzt gemacht werden. Vor dem Zusammenkleben der Stücke, sollten Sie sich davon überzeugen, daß alle Kanten glatt sind. Eventuell müssen sie noch mit Schmirgelpapier bearbeitet werden. Prüfen Sie auch, ob alle Teile ordentlich zusammenpassen.

• Nun wird ein dünner Streifen Kontaktklebstoff auf die beiden Außenkanten der Seitenteile und auf die entsprechenden Schnittkanten der anderen Teile aufgetragen.

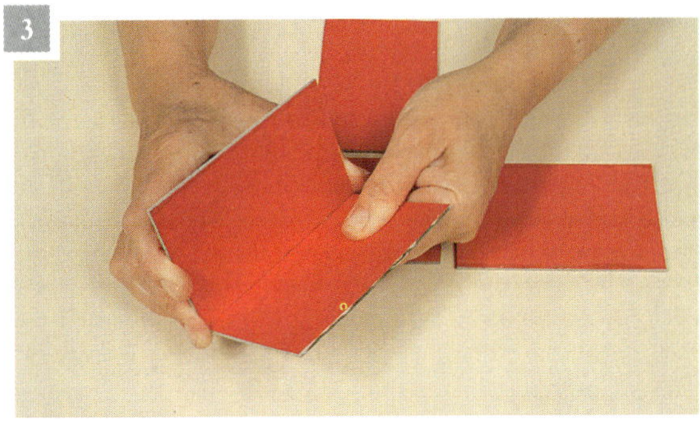

• Man läßt den Klebstoff 10 Minuten trocknen und drückt die Stücke dann vorsichtig zusammen.

• Auf gleiche Weise wird der Boden eingeklebt. Wenn die Schachtel richtig steht, muß geprüft werden, ob alle Verbindungsstellen gerade sind. Eventuell müssen sie noch mit Sandpapier bearbeitet werden.

Bekleben mit Papier

Wieder kommt es darauf an, daß genau gearbeitet wird. Wenn ein Gegenstand mit Papier beklebt werden soll, ist es immer ratsam, das Papier, das man verwenden will, zu untersuchen – einige Papierarten verziehen sich, wenn sie mit Klebstoff eingestrichen werden. Es gibt verschiedene Möglichkeiten, Papier mit Pappe zu verbinden. In den meisten Fällen wird der Klebstoff auf dem Papier verteilt, das dann auf das zu beklebende Teil gelegt wird. Eine Ausnahme könnte das Bekleben der Innenseite einer Schachtel sein. Wenn man einen zweidimensionalen Gegenstand beklebt, ist es in der Regel erforderlich, auf allen Seiten Ränder zum Umschlagen stehen zu lassen. Sie sollten, je nach Dicke der Pappe, etwa 1,5 cm breit sein. Wenn ein dreidimensionales Objekt bedeckt werden soll, sind diese Ränder nur an bestimmten Kanten erforderlich. Wenn die Innenseiten der Schachteln beklebt werden, schneidet man das Papier direkt an den Kanten ab.

Bekleben eines zweidimensionalen Objekts

• Schneiden Sie ein Stück Papier etwas größer als erforderlich zu. Auf der Rückseite wird die Position der Pappe markiert. Die Kanten werden unter Berücksichtigung der umzuschlagenden Ränder zurechtgeschnitten. Schneiden Sie diagonal so über die Ecken, daß sich die Ränder nach dem Umschlagen im Winkel treffen.

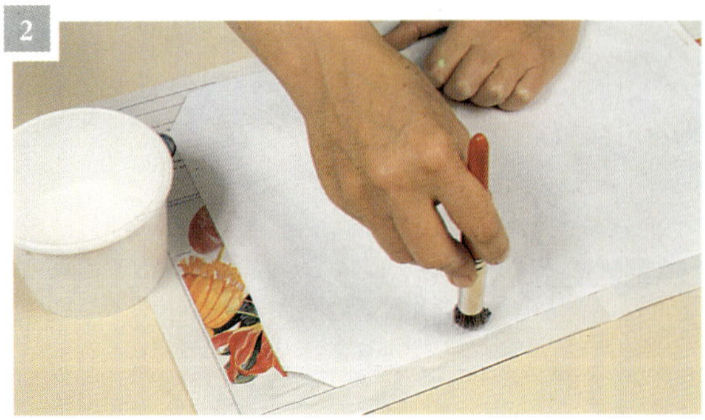

• Legen Sie das Papier auf ein Stück Altpapier. Verteilen Sie den Klebstoff mit einem Pinsel auf die ganze Fläche.

3

• Heben Sie das mit Klebstoff eingestrichene Papier vorsichtig hoch. Entfernen Sie die Unterlage. Das Papier wird auf das entsprechende Stück Pappe gelegt und glattgestrichen, so daß keine Blasen entstehen.

4

• Arbeiten Sie möglichst schnell. Das Ganze wird gewendet. Die beklebte Seite liegt nun auf einer sauberen Arbeitsfläche. Nun können Sie die Ränder umschlagen. Wenn der Klebstoff schon zu trocken geworden ist, kann man noch etwas Klebstoff mit dem Pinsel auftragen. Man läßt die beklebte Pappe unter leichtem Druck trocknen.

5

• Detail der fertigen Ecke.

Bekleben eines dreidimensionalen Objekts

In diesem Fall ist es etwas komplizierter, die richtigen Maße des Papiers festzulegen. Aber der Vorgang des Klebens ist im Prinzip gleich. Es erweist sich als nützlich, die Maße mit Streifen aus leichtem Papier zu ermitteln. Es hilft auch, eine Skizze anzufertigen. In dem Beispiel wird eine Schachtel gezeigt, aber andere geometrische Formen können auf gleiche Weise beklebt werden.

1

• Nehmen Sie einen Papierstreifen und legen Sie ihn um die Schachtel. Er wird an den Ecken und Kanten geknickt. Auch der umzuschlagende Rand wird berücksichtigt. Mit einem weiteren Papierstreifen mißt man die andere Dimension aus. Mit diesen beiden Streifen erhält man die Außenmaße des Papiers.

2

• Nun können Sie die Maße auf die Rückseite übertragen. Achten Sie darauf, daß alle Linien und Winkel stimmen. Vor dem Schneiden sollte man den Gegenstand auf das Papier legen und die Seiten daran halten, um die Abmessungen noch einmal zu prüfen. Dann werden noch die Kleberänder gezeichnet. Der Grundriß wird ausgeschnitten.

3

• Wenn man Papier um ein Objekt klebt, ist es einfacher, schrittweise vorzugehen. Man klebt zuerst den Boden, dann die Seiten mit den Kleberändern und die anderen Seiten und schließlich, im Fall einer Schachtel, die oberen Kanten und die Klappen zum Umschlagen. Wenn das Papier sehr dick ist, kann man es vor dem Auftragen des Klebstoffs mit einem Schwamm befeuchten, damit es elastischer wird.

Wenn Sie einen Behälter bekleben wollen, der innen nicht ausgekleidet ist, können die umzuschlagenden Klappen bis zum Boden verlängert werden. Ein Stück Papier wird auf den Boden geklebt, damit das Ganze ordentlich aussieht.

Kleben von Papier auf Papier und Karton

In manchen Fällen ist es erforderlich, sehr leichtes Papier auf ein Blatt Papier oder ein Stück Karton zu kleben. Ein gutes Beispiel wäre Papier, das mit Hilfe der Falt- und Färbetechnik dekoriert wurde.

Durch das Aufziehen auf andere Materialien erhalten solche Papiere größere Stabilität. Sie werden weniger empfindlich. Bei dieser Technik müssen Sie sorgfältig arbeiten und einige Regeln beachten. Die wichtigste Regel betrifft die Struktur des Papiers. Die Struktur beider Materialien muß die gleiche Richtung aufweisen, damit das Papier beim Trocknen eben bleibt. Bei einer unterschiedlichen Ausrichtung der Fasern entstehen Spannungen. Auch dürfen Sie das Papier nicht zu stark mit Klebstoff befeuchten, weil sich das Blatt sonst zu stark ausdehnt und beim Trocknen durch Spannungen Unebenheiten auftreten. Auch hier gibt es verschiedene Arbeitsweisen. Die beiden folgenden Methoden bereiten die geringsten Umstände. Obwohl die Blätter gleich nach dem Auftragen des Klebstoffs zusammengeklebt werden können, erfordert es etwas Übung, um zu verhindern, daß sich das Papier wellt, besonders wenn es sehr dünn ist.

Methode 1

• Nehmen Sie die beiden Blätter und legen Sie sie mit der Vorderseite nach unten nebeneinander auf eine saubere Arbeitsfläche. Dann streichen Sie das schwerere Papier schnell und gleichmäßig mit PVA-Klebstoff ein.

• Lassen Sie den Klebstoff trocknen und legen Sie das leichtere Papier in die richtige Position auf die eingestrichene Fläche. Das Muster befindet sich oben. Legen Sie ein Stück Papier zum Schutz darüber und bügeln Sie mit einem warmen bis heißen Bügeleisen. Die Hitze aktiviert den Klebstoff; die beiden Blätter werden miteinander verbunden.

Methode 2

• Wenn Sie extrem dünnes Papier verwenden, ist es manchmal unmöglich, den Klebstoff zu verteilen. In diesem Fall sollten Sie Schmelzklebstoffolie verwenden. Es ist ein ideales Material für diesen Zweck, sehr fein und wird mit einer Rückseite aus Schutzpapier verkauft.

• Legen Sie die Folie mit der rauhen Seite nach unten auf die Rückseite eines Blatts. Das Ganze wird gebügelt.

• Ziehen Sie das Schutzpapier ab und legen Sie das zweite Blatt Papier darauf. Die Vorderseite zeigt nach oben. Legen Sie Papier darüber und bügeln Sie mit einem warmen Bügeleisen, so daß die beiden Blätter miteinander verschmolzen werden. Für bestimmte wertvolle Papiere ist dieser Klebstoff ungeeignet. Sie benötigen schützende Materialien.

Glossar

Acetat: Ein dünner Film aus durchsichtigem Kunststoff, aus dem Schablonen hergestellt werden können.

Airbrush: Ein Farbspritzgerät, das mit Druckluft arbeitet und mit dem man Farbe auf eine Oberfläche sprühen kann.

Beschichtung: Zwei Papierlagen werden miteinander verbunden, entweder um einen dekorativen Gegenstand aufzunehmen oder um einem Blatt Stabilität zu geben.

Buchbinderleinwand: Feines, festes Gewebe, das manchmal mit Papier bezogen oder mit einem Dichtungsmittel beschichtet wird. Es wird beim Einbinden von Büchern benutzt.

Caragheenmoos: Getrockneter Seetang. Daraus wird ein Leimbad für eine klassische Form des Marmorierens hergestellt.

Emulsion: Eine wasserlösliche Haushaltsfarbe.

Falte: Das Material wird an einer Stelle durch zweifaches, entgegengesetztes Knicken doppelt gelegt.

Falzbein: Ein Werkzeug, das von Buchbindern und bei der Lederbearbeitung benutzt wird, um das Material genau und gerade zu falzen.

Glaspapier: Papier, das mit feinem Schleifmittel beschichtet ist. Es wird zum Glätten von Holz und anderen Materialien benutzt.

Hilfslinie, Hilfspunkte: Sie dienen der Anordnung von Schablonen oder des Stempeldrucks, wenn man mit mehreren Farben druckt.

Klebefilm: Ein klebender Streifen, der verwendet werden kann, um Dinge für kurze Zeit festzuhalten.

Kleister: Eine Mischung aus Stärke, Getreidemehl oder Zellulose mit Wasser, die als Bindemittel für Farben auf dekoriertem Papier dient. Er ist auch eine Art von Klebstoff.

Knick: Markierung, die durch Falten entsteht.

Leimbad: Leim ist eine Substanz, die aus Stärke, Gelatine, Zellulose oder Caragheenmoos hergestellt werden kann. Man mengt sie auch dem Papierbrei bei, um die Saugfähigkeit des Papiers zu verringern. Beim Marmorieren schwimmen die Farben auf einem Leimbad.

Marmorieren: Eine alte Technik, mit der Papier dekoriert wird. Die Dekoration erinnert an Marmor.

Ochsengalle: Ein Reagenz, das dem Wasser beigemengt wird, um die Oberflächenspannung zu verringern.

Origami: Die japanische Kunst des Papierfaltens.

Papierbrei: Die nasse Fasermischung, aus der das Papier hergestellt wird.

Passepartout: Ein Stück Papier oder Karton, das im Bilderrahmen ein Bild oder Fotos umrahmt.

Rolle: Zylinder auf einer Achse mit Handgriff, mit dem Farbe oder Tusche verteilt wird.

Rücken: Der hintere Teil eines Buchs oder einer Mappe, der die beiden (Buch-) Deckel verbindet.

Schablone: Ein dünnes Blatt, in das Muster eingeschnitten wurden. Durch die Öffnungen wird Farbe auf eine Oberfläche gebracht.

Schmelzklebstoffolie: Feines Klebstoffgewebe auf einer Folie oder einem Schutzblatt. Durch Bügeln werden zwei Materialien miteinander verbunden.

Schraubverbindungen: Zwei Gewindeteile, die nach dem Festziehen zwei Blatt Papier festhalten.

Schutzpapier: Ein Stück Papier, das mit Silikon beschichtet ist und an dem nichts klebt.

Stempel: Druckform aus Holz oder einem anderen Material. In die Oberfläche wird eine Art Relief geschnitzt, das beim Drucken ein Motiv bildet.

Struktur: Die Anordnung des Fasermaterials in einem Blatt Papier.

Terpentinersatz: Ein Verdünnungs- und Lösungsmittel für Ölfarben. Es ist brennbar und sollte vorsichtig verwendet werden. Es wird auch farbloser Spiritus genannt.

Umbiegungslinie (Gelenkteil): Eine Art der Verbindung zwischen zwei Teilen der gleichen Einheit, an der sie gebogen werden kann.

Vorsatzpapier: Gefaltete, häufig dekorierte Blätter vor dem ersten und dem letzten Bogen des Buchblocks, über Innenseiten der Buchdecke geklebt.

Zerstäuber: Ein Gerät, mit dem Farben über eine große Fläche fein verteilt werden können.

Briefpapier und Grusskarten

Diese befriedigenden, aber relativ einfachen Gegenstände kann man für den eigenen Gebrauch oder für Freunde entwerfen und anfertigen. Das Schreibpapier, das man entweder fertig kauft oder durch Zuschneiden größerer Stücke erhält, dekorieren Sie am besten mit Hilfe von Schablonen oder im Stempeldruckverfahren. Es kann mit Initialen oder einem Motiv versehen werden.

Grußkarten können für alle Gelegenheiten entworfen und als Zettel für Kurzbriefe verwendet werden. Sie lassen sich durch einmaliges Falten, sauber gefalzt, aus leichtem Karton (etwa 150 g/m^2) herstellen. Auf die Vorderseite klebt man dann Schmuckpapier. Ein hochwertiges Papier, das sorgfältig zugeschnitten wird, und ein attraktives, sauber ausgeführtes Design geben den fertigen Grußkarten ein wertvolles und professionelles Aussehen.

Materialien und Hilfsmittel

- *Grundausstattung*
- *ausgewähltes Papier*
- *Schablone und/oder Stempelmaterial* • *Farbe und/oder Tusche*

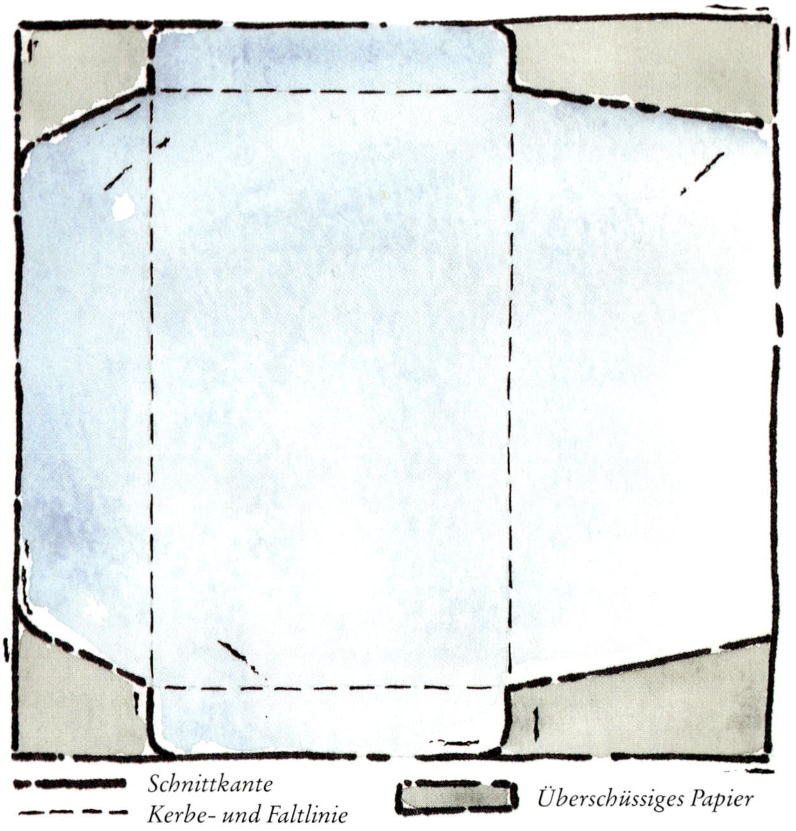

Briefpapier

Tip

Wenn Sie Briefpapier dekorieren wollen, sollten Sie systematisch vorgehen und sich eine große Arbeitsfläche beschaffen, da Sie die bedruckten Blätter zum Trocknen ausbreiten müssen.

Wenn Sie Ihr eigenes Briefpapier entwerfen, sollten Sie auch die passenden Briefumschläge herstellen. Falten Sie die Seitenklappen nach innen, streichen Sie Klebstoff auf die seitlichen Ränder der unteren Klappe, falten Sie diese hoch und kleben Sie sie fest, legen Sie die obere Klappe um und verschließen Sie sie entweder mit Klebstoff oder einem doppelseitigen Klebestreifen. Ein Futter aus gefaltetem oder gefärbtem Papier kann vor dem Zusammenkleben des Umschlags eingelegt werden.

Bei den folgenden Beispielen wurden Schablonen und Stempel verwendet. In einigen Fällen handelt es sich um gekaufte Schablonen oder Stempel. In den vorherigen Abschnitten wurde allerdings gezeigt, daß man Schablonen und Stempel ohne große Probleme selbst entwerfen und herstellen kann.

Schablonenmuster

Für Schablonenmuster sind transparente Schablonen am besten geeignet, da sie genau in die richtige Position gebracht werden können, besonders wenn man mit mehreren Farben arbeitet. Auf der Schablone kann man auch Markierungen für die folgenden Farben machen.

Zuerst entwerfen und schneiden Sie die Schablonen aus. Testen Sie diese auf einem Stück Papier.

Wenn die Schablone auf einem Blatt Papier in die richtige Position gebracht wurde, können Sie einen feinen Bleistiftstrich als Hilfslinie ziehen, der später wegradiert werden kann. Man kann auch einen Papierstreifen mit kontrastierender Farbe befestigen, an den die Schablone angelegt wird.

Da die Schablonen für Briefpapier normalerweise ziemlich klein sind, empfehlen sich Filzstifte zum Ausmalen.

Stempeldruckmuster

Wenn Sie mit Hilfe des Stempeldrucks Briefpapier dekorieren möchten, kann der Stempel aus einem der Materialien bestehen, die in den vorherigen Kapiteln gezeigt wurden. Der einfachste Stempel wird aus einer Kartoffel gemacht. Er kann allerdings nur kurze Zeit benutzt werden. Man kann aber einen Abdruck nehmen und den Stempel bei nächster Gelegenheit neu schneiden. Ein dauerhafterer Stempel läßt sich aus einem Radiergummi schneiden.

Das Drucken mit Kartoffelstempeln und Farben auf Wasserbasis ist eine besonders spontane Art des Drukkens. Man kann so schnell und leicht große Mengen Schreibpapier bedrucken. Ein feiner Bleistiftstrich kann als Hilfslinie für die Plazierung der Abdrücke gezogen werden. Das ist besonders hilfreich, wenn das Muster entlang einer Papierkante verläuft. Wenn Sie mit einer zweiten Farbe arbeiten wollen, müssen Sie die erste Farbe zunächst trocknen lassen.

Wenn der Stempel fertig und die Farbe vorbereitet ist, geht es darum, methodisch vorzugehen. Bedrucken Sie das Papier und breiten Sie es zum Trocknen aus. Die Blätter können sich etwas überlappen, so daß sie weniger Platz benötigen, ohne zu verschmieren.

Materialien und Hilfsmittel

- *Grundausstattung*
- *leichter Karton* • *marmoriertes oder auf andere Weise dekoriertes Papier*
- *Klebstoff* • *fertiggeschnittener Karton (optional)* • *sehr leichtes Deckpapier* • *verdünnter PVA-Klebstoff oder Schmelzklebstoffolie* • *gepreßte Blumen oder Papierstücke* • *Bügeleisen*
- *doppelseitiges Klebeband*

Grusskarten

Tip

Berücksichtigen Sie die Größe der zur Verfügung stehenden Umschläge, bevor Sie Ihre eigenen Karten herstellen. Obwohl sie sich leicht herstellen lassen, ist die Anfertigung vieler Umschläge doch sehr zeitaufwendig.

1 Die Karte sollte so zugeschnitten werden, daß sie in Länge und Breite 0,5 bis 1 cm kleiner als der Umschlag ist. Der Karton läßt sich am besten falten, wenn die Fasern parallel zum Knick verlaufen (siehe Grundtechniken).

2 Nehmen Sie nun das dekorierte Papier und wählen Sie einen Ausschnitt, der die Vorderseite der Karte bilden soll. Manche Muster erfordern eine breitere Umrandung als andere. Sie müssen die richtige Breite durch Ausprobieren herausfinden. Versuche mit kleinen Ausschnitten sind wenig informativ, da die Ausgewogenheit des Entwurfs sich mit der Größe verändert. Fangen Sie mit einem relativ großen Stück an und schneiden Sie das Design so lange in kleinen Schritten zurecht, bis Ihnen die Komposition ausgewogen erscheint und gefällt. Dann können Sie das Schmuckpapier auf die Karte kleben.

3 Schneiden Sie ein Stück Karton aus, das die Länge des Umschlags hat, aber dreimal so breit ist. Kerben Sie den Karton ein und falten Sie ihn in drei gleiche Teile. Die Öffnung, die in die Mitte geschnitten wird, bereitet man nun auf folgende Weise vor. Legen Sie zuerst die Größe und die Form fest. Karten mit ovalen oder anderen Öffnungen kann man in Geschäften kaufen. Die Falten werden auseinandergeklappt. Bereiten Sie die linke Seite des Kartons vor, indem Sie eine der Methoden der Papierbeschichtung (siehe Seite 23) anwenden. Legen Sie die Papierstücke oder die gepreßten Blumen an die richtigen Stellen der mit Klebstoff bedeckten Oberfläche. Bedecken Sie die Fläche mit einem Stück Seidenpapier passender Größe. Es wird durch Bügeln mit dem Karton verbunden.

4 Beim letzten Schritt wird die Öffnung auf das beschichtete Design geklebt. Sie können entweder Klebstoff nehmen, der vorsichtig auf dem äußeren Rand der Öffnung verteilt werden muß, oder doppelseitiges Klebeband.

BRIEFMAPPE

Dies ist eine ideale Form, Briefpapier und Notizkarten, die mit Hilfe der bei anderen Projekten vorgestellten Techniken dekoriert wurden, zu verschenken. Das abgebildete Beispiel besteht aus Papier, das im Verfahren des Faltens und Färbens gestaltet und auf einen leichten Karton (etwa 150 g/m^2) geklebt wurde. Man kann jedoch auch Karton nehmen, der auf andere Weise dekoriert wurde. Genaues Arbeiten ist bei dieser Aufgabe sehr wichtig, damit die Mappe ordentlich aussieht und richtig schließt. Vor dem ersten Schritt sollten Sie sich das Diagramm genau anschauen.

MATERIALIEN UND HILFSMITTEL

- *Grundausstattung*
- *dekorierter Karton*
- *Falzbein* • *kleine Münze* • *geeigneter Klebstoff*

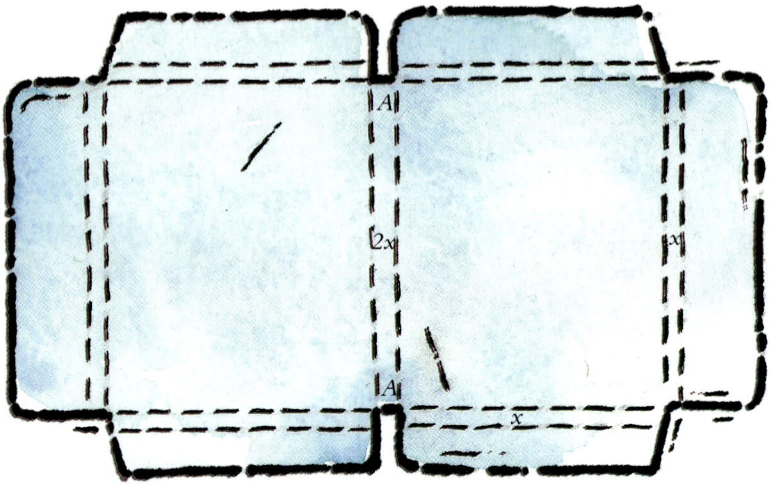

Zeichnen Sie die Abbildung schwach auf die Rückseite des dekorierten Kartons. Die Maße können verändert werden, um die Briefmappe an die Größe des Briefpapiers und der Umschläge, für die sie bestimmt ist, anzupassen. Die Abbildung zeigt die Proportionen: Die langen Klappen, die die Taschen bilden, sind breiter als die oberen und unteren Klappen. Die mittlere Fläche A ist doppelt so breit (2x) wie die Flächen (x), die an den äußeren Rändern eingekerbt wurden. Dadurch ist es möglich, die beiden Seiten gefüllt zu schließen.

Nehmen Sie eine Münze, um die Rundungen der äußeren Ecken zu zeichnen.

1 Schneiden Sie die Mappe entlang der durchgezogenen Linien aus. Dabei sollten Sie mit dem Messer möglichst nach außen schneiden, damit Sie nicht abrutschen und in die Arbeit schneiden.

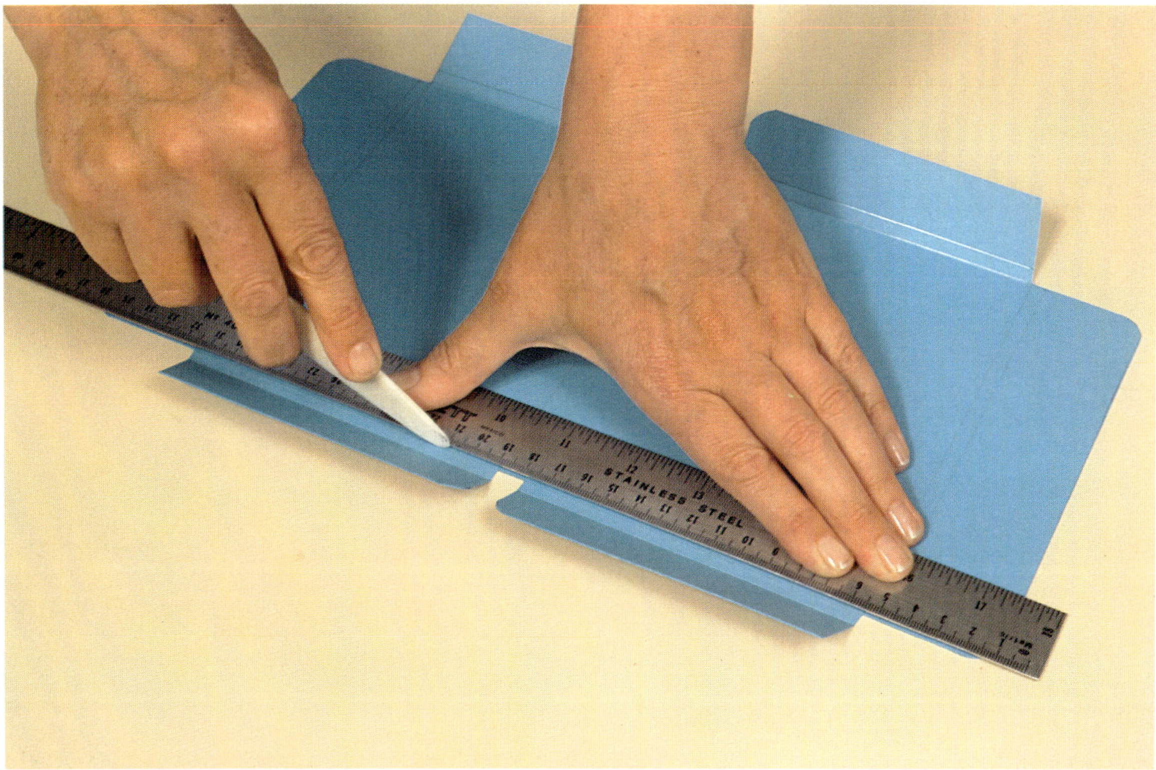

2 Alle gestrichelten Linien werden mit dem Falzbein eingekerbt.
Gehen Sie von den äußeren Rändern aus und knicken Sie den Karton an den gefalzten Linien, so daß er die richtige Form bekommt. Achten Sie darauf, daß die Ecken rechteckig sind und ordentlich zusammenpassen.

3 Geben Sie Klebstoff auf die Ekken der langen Klappen, die die oberen und unteren Klappen überdecken. Die Ecken werden in die richtige Position gebracht und wenige Minuten festgehalten, bis der Klebstoff trocken ist.

Geschenktasche

Taschen aus Papier sind einfach und in jeder Größe herzustellen, wenn man mit leichtem Papier arbeitet. Je größer die Tasche, um so schwerer sollte das Papier allerdings sein. Soll die Tasche sehr groß werden oder ist sie für den Transport schwerer Gegenstände, zum Beispiel Flaschen, gedacht, müssen der Boden und die Trageschlaufen mit Karton verstärkt werden. Handgriffe kann man aus gefärbten Bändern oder Garnen anfertigen. Als Ergänzung eignen sich dazu passende Geschenkanhänger.

TIP

Vor dem ersten Arbeitsschritt müssen ein paar Dinge bedacht werden. Wenn Sie den Grundriß für die Tasche zeichnen, sollten Sie sich vergewissern, daß alle Ecken einen Winkel von 90 Grad haben, so daß die Tasche rechteckig und senkrecht steht. Die Klappen für den Boden sollten etwa 1 cm schmaler sein als die Seitenteile. Kerben Sie alle Falten ein, damit sie sich leichter und schärfer knicken lassen, besonders wenn Sie schwereres Papier nehmen.

MATERIALIEN UND HILFSMITTEL

- *Grundausstattung*
- *dekoriertes Papier*
- *Klebstoff* • *Band oder Garn für die Handschlaufen*

1 Zeichnen Sie den Grundriß auf die Rückseite des Papiers. Die Linien dürfen später nicht auf der Außenseite der Tasche zu sehen sein. Die Form wird ausgeschnitten.

Kerben Sie alle Linien ein und falten Sie diese. Die obere Klappe wird umgeschlagen und mit einem geeigneten Klebstoff festgeklebt. Dadurch wird der obere Rand verstärkt, und die Tasche sieht ordentlich aus.

2 Nun wird der Kleberand auf das Seitenteil geklebt. Auch dies sieht ordentlicher aus, weil die Verbindung an der Seite kaum zu sehen ist.

Beim nächsten Schritt werden die Bodenklappen zusammengeklebt. Tragen Sie Klebstoff auf die linke Seite der Seitenklappen auf und kleben Sie diese auf die hintere Klappe. Dann verteilen Sie Klebstoff auf der Rückseite der Vorderklappe und kleben diese nach unten fest.

3 Zum Schluß werden Löcher für die Handschlaufen in den verstärkten oberen Rand gestanzt. Fädeln Sie das Band oder das Garn durch die Löcher. Es gibt verschiedene Methoden des Einfädelns; manche sind nur dekorativ, andere bieten die Möglichkeit, die Tasche zuzubinden.

Schachtelhülle

Diese Idee kann das Erscheinungsbild eines gewöhnlichen Gegenstands deutlich fördern, so daß er sich als Geschenk eignet. In diesem Beispiel wurde Karton an eine Schachtel für Papiertücher angepaßt. Der leichte Karton wurde vorher mit Hilfe der Airbrush-Technik unter Verwendung selbstklebender Punkte, die als Schablonen dienten, gestaltet. Die Vorgehensweise folgt der ersten Methode zur Anfertigung von Schachteln, die im Rahmen der Grundtechniken beschrieben wird. Da man die Papiertuchschachtel in die neue Hülle steckt, ist es nicht erforderlich, einen Deckel und Einsteckklappen beim Grundriß zu berücksichtigen.

MATERIALIEN UND HILFSMITTEL
• Grundausstattung • leichter Karton, mit Farbe besprüht • Stück Karton • schnell trocknender Klebstoff

TIP
Es ist wichtig, daß Sie genau Maß nehmen, so daß die Hülle genau über die Papiertaschentücherschachtel paßt. Die Messungen können entweder mit einem Papierstreifen durchgeführt werden. Oder man mißt die Seiten mit einem Lineal und addiert die Maße.

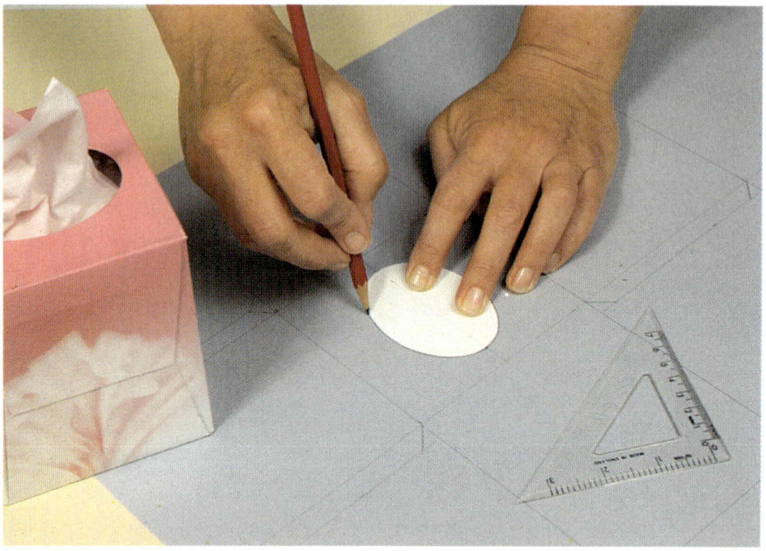

1 Zeichnen Sie den Grundriß auf die Rückseite des vorbereiteten Kartons. Die etwa 1 cm breiten Kleberänder werden auf zwei Seiten angefügt.

Machen Sie eine Schablone von der Öffnung im oberen Teil der Schachtel, durch die die Papiertücher herausgezogen werden. Sie wird genau in die Mitte des Oberteils auf den Grundriß gelegt. Umfahren Sie den Kreis mit dem Bleistift und schneiden Sie ihn aus.

2 Nun wird der Grundriß mit einer scharfen Klinge ausgeschnitten, damit die Kanten gerade und glatt werden. Kerben Sie alle Linien ein. Der Karton wird gefaltet.

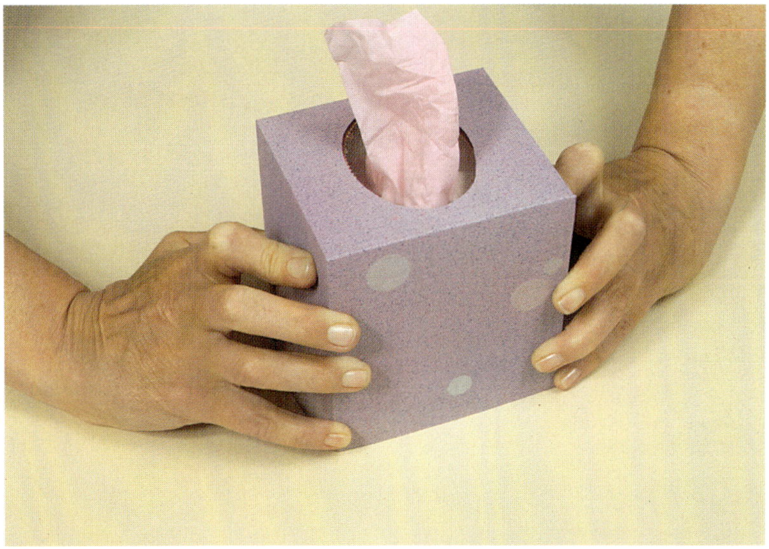

3 Prüfen Sie vor dem Zusammenkleben den genauen Sitz der Hülle. Wenn alles in Ordnung ist, wird Klebstoff auf die Klappen gestrichen. Man klebt sie zusammen, indem sie in die richtige Position auf der Schachtel gebracht und festgehalten werden. Vermeiden Sie es, zuviel Klebstoff aufzutragen, da sonst überschüssiger Klebstoff austreten und das Ganze an der Schachtel festkleben kann.

4 Die Hülle ist jetzt fertig, aber sie kann noch verziert werden durch das Anbringen einer Borte im gleichen Farbton. Man kann sie entweder kaufen oder selbst anfertigen und um die unteren Kanten kleben. Dies würde den Boden der Hülle verstärken.

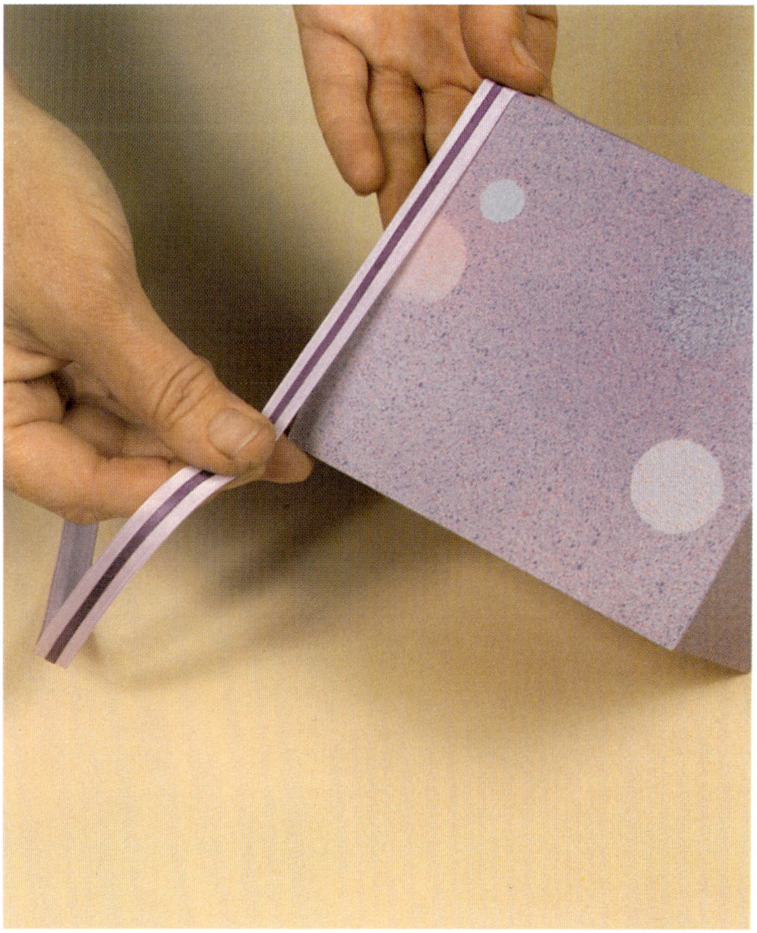

Papierkorb

Der Papierkorb, der hier gezeigt wird, ist zwar ein einfacher Gegenstand, aber die besondere Dekoration hebt ihn von anderen alltäglichen Gegenständen ab. Es ist möglich, einen gekauften, runden Papierkorb zu beziehen (oder ohne Vorgabe zu starten). Man kann die Dekoration so wählen, daß sie zur Gestaltung der Schreibtischutensilien paßt. Ein gekaufter Papierkorb muß nicht ausgekleidet werden, er benötigt aber unten und oben eine Umrandung, damit die ursprüngliche Oberfläche verdeckt wird. Der Besatz kann aus einem passenden Band oder geflochtenem Papier bestehen.

Materialien und Hilfsmittel

• Grundausstattung • dicker Karton • dekoriertes Papier zum Bekleben • gefärbtes Papier für die Innenseite • Kontaktklebstoff • PVA-Klebstoff

Legen Sie die Größe des Behälters fest. Sie könnte von der zur Verfügung stehenden Menge des Schmuckpapiers abhängen. Die meisten Papierkörbe haben eine Höhe von etwa 25 cm und oben eine Breite von 20 cm. Aber diese Maße können beliebig verändert werden.

1 Schneiden Sie aus dem Karton die benötigten Stücke in der gewünschten Größe aus. Ihre Innenseiten werden mit dem gefärbten Papier beklebt (siehe Grundtechniken).

2 Mit Hilfe des Kontaktklebstoffs werden die Seiten zusammengeklebt. Wenn er getrocknet ist, können Sie den Boden festkleben. Man muß darauf achten, daß die Kanten möglichst glatt und gerade sind. Dies ist erforderlich, weil der Karton durch das Bekleben der Innenseite wahrscheinlich etwas verzogen sein wird.

3 Bei der einfachsten Vorgehensweise beklebt man zuerst den Boden. Dann wickelt man einen langen Streifen um die Seiten. Schneiden Sie ein Stück Schmuckpapier aus, das an allen Seiten etwa 1 cm größer als der Boden ist. Tragen Sie Klebstoff auf. Kleben Sie das Stück auf den Karton und streichen Sie es glatt. Die Ecken werden diagonal abgeschnitten. Die überstehenden Ränder werden geknickt und an die Seiten geklebt.

4 Schneiden Sie den Papierstreifen für die Behälterseiten aus. Er muß etwa 1 cm länger und breiter als notwendig sein, damit man Ränder zum Umschlagen und für die Verbindungsstelle hat. Beim Bekleben der Seiten sollten Sie in der Nähe einer Ecke beginnen, da die Verbindungsstelle hier weniger auffällt. Die Unterkante sollte genau am Boden abschließen.

5 Schneiden Sie ein V-förmiges Stück an jeder Ecke der oben überstehenden Ränder aus. So kann das Papier umgebogen werden, ohne daß sich Falten bilden.

Tragen Sie noch etwas Klebstoff auf, falls erforderlich, und kleben Sie die Ränder auf der Innenseite fest.

Lampenschirme

Diese Lampenschirme sehen sehr schön aus. Sie sollten aber nicht zu eng gemacht werden, da die Hitze, die von der Glühbirne erzeugt wird, dazu führen kann, daß der Papierschirm versengt wird oder sogar Feuer fängt. Beide Schirme werden unter Verwendung gekaufter Gestelle hergestellt, die man in Bastelgeschäften oder manchen Kaufhäusern bekommen kann. Falls man kein entsprechendes Gestell findet, kann man sich auch einen billigen Lampenschirm mit passender Form besorgen, wie es bei dem gefalteten Schirm gemacht wurde. Die Ränder der Lampenschirme können mit gekauften Bändern eingefaßt werden, die man farblich sorgfältig auf das dekorierte Papier abstimmen muß. Man kann auch geflochtenes Papier nehmen, um eine passende Umrandung anzufertigen, die dann aufgeklebt wird.

MATERIALIEN UND HILFSMITTEL

- *Grundausstattung*
- *Lampenschirmgestell*
- *Papier als Grundblatt*
- *sehr leichtes Deckpapier*
- *verdünnter PVA-Klebstoff oder Schmelzklebstoff*
- *gepreßte Blumen oder Papierstücke* • *Bügeleisen*
- *Kontaktklebstoff*
- *Nadel und Faden* • *Japanpapier* • *Farbstoffe*
- *leichtes Papier* • *Zirkel oder eine Schnur mit Bleistift* • *Falzbein* • *selbstklebender Film*

Der einfache, runde Lampenschirm wurde aus beschichtetem Papier (siehe Seite 23) hergestellt. Messen Sie den Lampenschirmumfang aus und schneiden Sie ein Stück vom Grundblatt aus, das 3 cm länger als dieses Maß und 1 cm breiter als die Höhe des Schirms sein sollte. Die Form fügt sich leichter um das Gestell, wenn die Struktur des Papiers von oben nach unten verläuft. Wenn der Schirm am unteren Rand weiter als am oberen Rand sein soll, muß das Papier einen leichten Bogen beschreiben. Sie sollten die Form auf einem Stück Papier, das nicht mehr gebraucht wird, vorzeichnen. Beim Dekorieren des Grundblatts folgen Sie den Beschreibungen im Kapitel über beschichtetes Papier (siehe Seite 23). Die Stücke, die das Muster bilden sollen, werden auf das Papier gelegt. Dann wird das Deckpapier aufgeklebt. Sie können das ganze Blatt mit einer selbstklebenden Folie überziehen. Dadurch erhält der Schirm eine abwischbare Oberfläche.

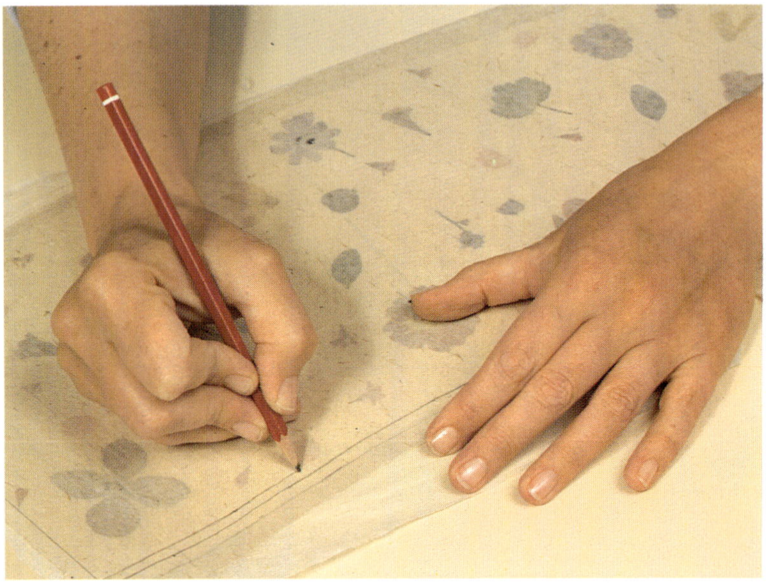

1 Zeichnen Sie auf der Rückseite des Papiers mit einem Bleistift einen dünnen Strich etwa 0,5 cm unterhalb der Oberkante. Darunter wird ein weiterer Strich gezogen, der einen Abstand zum ersten Strich hat, der der Drahtdicke des Lampengestells entspricht.

2 Man sticht im Abstand von 4–5 cm Löcher an den Linien in das Papier. Die Löcher sollten übereinander liegen.

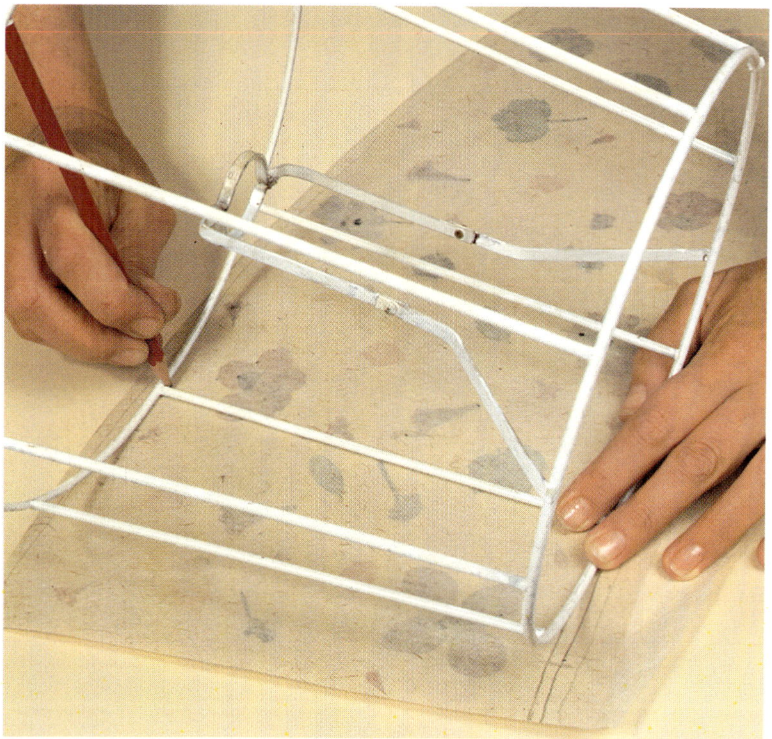

3 Legen Sie das Gestell auf das Papier und markieren Sie den Verlauf der unteren Doppellinie. Die beiden letzten Arbeitsschritte werden hier wiederholt. Falls erforderlich, kann das Papier jetzt noch etwas gekürzt werden.

Streichen Sie Klebstoff auf die Ränder des Papiers, die sich überlappen werden, einmal von oben und einmal von unten.

4 Das Papier wird vorsichtig um das Gestell gelegt. Es ist hilfreich, wenn Sie vorübergehend kleine Stücke Klebeband am oberen und unteren Rand anbringen, damit der Schirm überall richtig anliegt. Oder lassen Sie sich dabei helfen.

5 Der Schirm wird am Gestell befestigt, indem man ihn mit einer Nadel und einem festen Faden »festnäht« und dabei die fertigen Löcher benutzt. Führen Sie die Nadel von innen nach außen und wieder nach innen durch das entsprechende Loch unterhalb des Drahtes. Der Faden wird vorsichtig festgezogen. Der Schritt wird an den anderen Löchern wiederholt. Ohne zu fest zu ziehen, wird die Nadel zweimal durch die gleichen Löcher geführt, so daß der Faden um den Draht des Gestells läuft.

Der Vorgang wird am anderen Rand des Lampenschirms wiederholt. Damit ist der Lampenschirm fertig.

6 Sie können den Lampenschirm jedoch noch mit einem Band verzieren, das die Nadelstiche verdeckt und dem Ganzen ein fertiges Aussehen gibt.

Für den gefalteten Lampenschirm benötigen Sie viel mehr Zeit. Er sieht aber so schön aus, daß sich die Zeit und der Aufwand lohnen.

Dieses Beispiel entstand aus Papier, das mit der Falt- und Färbetechnik dekoriert wurde (siehe Seite 22). Sie benötigen viel Papier. Es sollte in einem Arbeitsgang hergestellt werden, damit keine Farbunterschiede auftreten.

Der Lampenschirm wird hergestellt, indem man Halbkreise in Falten legt. Je weiter und flacher der Schirm werden soll, um so mehr Halbkreise werden benötigt. Wenn Sie einen Lampenschirm mit steilen Seiten anfertigen wollen, ist weniger Papier erforderlich.

Messen Sie die Höhe des Gestells aus und addieren Sie ein Drittel. Damit haben Sie den Radius des Halbkreises. Drei oder vier Stücke dieser Größe werden benötigt. Eine Ausnahme ist eine Wandleuchte, für die ein Halbkreis ausreicht.

Das fertige Schmuckpapier wird nun auf Papier geklebt. Wählen Sie dafür ein leichtes Papier, das sich leicht und ordentlich falten läßt.

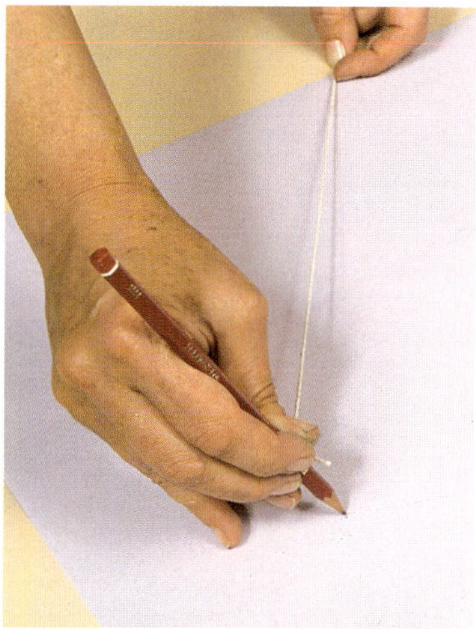

1 Zeichnen Sie die Halbkreise auf die Rückseiten der Blätter. Wenn der Radius größer ist als die Reichweite eines Zirkels, können Sie ein Stück Faden an einem Bleistift festbinden. Fixieren Sie den Faden in der Mitte der Oberkante. Indem man den Faden straff zieht, kann man einen Bogen schlagen. Der Mittelpunkt muß markiert werden, weil er beim Falten benötigt wird.

2 Schneiden Sie die Halbkreise aus. Auf der Rückseite werden im Abstand von 4–5 cm Markierungen auf dem Bogen angebracht. Mit Lineal und Falzbein werden Kerben von den Markierungen zum Mittelpunkt gezogen. Knicken Sie die Linien.

3 Nun wird das Papier gewendet. Legen Sie die untere Kante einer Falte vorsichtig an die nächste und drücken Sie beide zusammen. Dadurch wird die Lage der entgegengesetzten Falte markiert. So wird der Schirm in Falten gelegt. Wiederholen Sie den Vorgang auf dem ganzen Halbkreis.

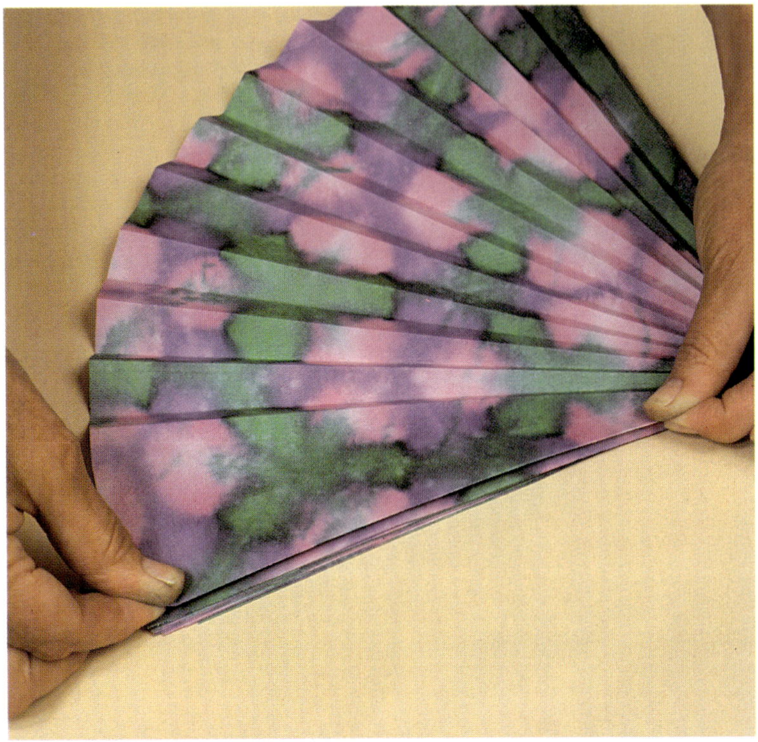

4 Zunächst wird das Papier flach auf den Tisch gelegt. Die dekorierte Seite befindet sich oben. Legen Sie das Papier nun in Falten; knicken Sie eine Falte in eine Richtung und die nächste in Gegenrichtung. Mit Hilfe der bestehenden Faltungen bleiben die Falten gleichmäßig. Arbeiten Sie von jeder Seite zur Mitte.

5 Nachdem alle Halbkreise gefaltet wurden, muß man sie so zurechtschneiden, daß sie zusammenpassen. Schneiden Sie zuerst die Unterkante gerade. Dabei halten Sie die Falten fest. Man geht von dieser Kante aus und schneidet den oberen Teil der Falten so ab, daß die Länge des Stücks etwas größer als die Höhe des Gestells ist.

6 Stechen Sie mit einer Nadel etwa 5 cm oberhalb der Unterkante ein Loch in der Mitte der Falten durch die Papierlagen.

7 Kleben Sie die gefalteten Streifen zusammen. Sie sollen ein zusammenhängendes Stück bilden. Ziehen Sie einen Faden mit einer Nadel durch die Löcher, wobei Sie auf der Rückseite anfangen und aufhören. Während sich das Gestell auf der Lampe oder auf einer Schachtel befindet, wird der Schirm in die richtige Lage gebracht. Ziehen Sie den Faden hoch, so daß die Falten zusammengehalten werden und der Schirm nicht hinunterrutscht. Verknoten Sie die Enden und schneiden Sie die Enden ab.

Passepartout

Es ist möglich, Passepartouts ohne großen Aufwand mit Hilfe einer Schablone zu dekorieren. Im Handel sind geeignete fertige Schablonen erhältlich. Sie können aber auch eigene Schablonen entwerfen und anfertigen. Ist das Passepartout für ein besonderes Bild oder eine spezielle Fotografie bestimmt, kann ein Element des Bildes als Vorlage für die Schablone dienen. Eine Alternative besteht mit der traditionellen Vorgehensweise, die für vielfältige Motive geeignet ist. Passepartouts kann man entweder kaufen oder selbst zuschneiden, vor allem wenn das Bild keine Standardmaße hat.

Materialien und Hilfsmittel

- *Grundausstattung*
- *fertiges Passepartout oder entsprechender Karton mit Messer* • *Schablonenmaterial* • *Buntstifte*
- *Altpapier* • *Klebeband*

Tip

Fertigen Sie ein Passepartout in der gewünschten Größe an oder kaufen Sie sich einen entsprechenden Wechselrahmen. Zeichnen Sie die Muster auf dem Altpapier vor. Passen Sie auf, daß Sie keine Spuren auf dem Passepartout hinterlassen.

1 Nehmen Sie die vorbereitete Schablone und zeichnen Sie die Formen auf ein Blatt Altpapier, um festzustellen, ob das geplante Design gefällt und ausgewogen ist. Das hier gezeigte Beispiel wurde mit Buntstiften ausgeführt, die ein weiches Bild erzeugen.

2 Wenn das Design in Ordnung ist, kann die Schablone mit kleinen Stücken Klebeband an der richtigen Stelle auf dem Passepartout festgehalten werden. Das Klebeband kann leicht entfernt werden, ohne Spuren zu hinterlassen. Gehen Sie methodisch vor. Wenn der erste Bereich fertig ist, wird die Schablone in eine neue Position gebracht, um das Muster zu vervollständigen.

3 Wenn Sie mit Farben und fertigen Schablonen arbeiten, müssen Sie die Schablone jedes Mal wegnehmen und die Farbe trocknen lassen, bevor die nächste Farbe aufgetragen wird. So vermeiden Sie, daß die Farbe verschmiert wird. Diese Schablonen haben normalerweise gestrichelte Linien, die im nächsten Bereich, der angemalt werden soll, aufgedruckt sind und als Hilfslinien dienen.

Bilderrahmen

Dieses Projekt bietet nahezu unbegrenzte Möglichkeiten; die Anfertigung erfordert eine Technik, die man leicht beherrschen kann. Das größte Problem besteht in der Auswahl der Art des dekorierten Papiers, weil viele Schmuckpapiere als Rahmen gut aussehen. Sie können marmorierte oder in Kleistertechnik gestaltete Papiere nehmen, die im allgemeinen ein geschlossenes, umlaufendes Design aufweisen. Eine andere Möglichkeit ist die Verwendung von Mustern, die mit Schablonen oder Stempeln hergestellt wurden; sie können speziell für den bestimmten Rahmen entworfen werden. Bei der Durchführung dieses Projekts ist es wieder wichtig, an die Faserrichtung des Papiers zu denken.

MATERIALIEN UND HILFSMITTEL

- *Grundausstattung*
- *dicker Karton für den Rahmen* • *marmoriertes Schmuckpapier* • *einfaches, getöntes Papier*
- *dünner Karton*
- *PVA-Klebstoff* • *Klebstoffpinsel* • *Altpapier*
- *Falzbein*

1 Schneiden Sie zwei Stücke des dicken Kartons auf die gewünschte Größe zu. Ein Stück Karton erhält ein Fenster für die Vorderseite des Bilderrahmens. Beim Festlegen der Fenstergröße sollte man an die Standardgrößen von Fotos und von Vergrößerungen denken. Aber der Rahmen des Fensters sollte nicht zu schmal werden; das sieht nicht so schön aus.

2 Schneiden Sie nun ein Stück getöntes Papier aus, das die gleiche Breite wie der Rahmen hat, aber 2 cm länger ist. Dieses Blatt wird auf den hinteren Teil des Bilderrahmens geklebt. Schlagen Sie die überstehenden Ränder um.

3 Zwei Distanzhalter sind etwa 1,5 cm breit und haben die Länge des Rahmens. Stellen Sie sie aus dem dünnen Karton her. Ein weiteres Stück paßt im oberen Teil zwischen die beiden Seiten. Die Distanzhalter werden auf den Rahmen geklebt. Legen Sie den hinteren Teil des Rahmens zur Seite.

4 Schneiden Sie ein Stück des marmorierten Papiers zurecht, das etwa 3 cm breiter und länger als der Rahmen ist. Nehmen Sie die Vorderseite des Rahmens und legen Sie diese in die Mitte der Rückseite des marmorierten Papiers. Zeichnen Sie das Fenster mit leichten Strichen auf das Papier. Der Rahmen wird entfernt. Ziehen Sie eine Linie mit einem Abstand von 1 cm neben der ersten. Schneiden Sie dieses kleinere Fenster aus.

5 Streichen Sie Klebstoff auf die Vorderseite des Rahmens. Legen Sie diesen Teil auf Papier und orientieren Sie sich dabei an den Bleistiftstrichen. Prüfen Sie, ob sich Falten gebildet haben. Legen Sie Altpapier darauf und glätten Sie das Ganze mit einem Falzbein. Die Ekken im Fenster werden mit einem Teppichmesser eingeschnitten. Streichen Sie Klebstoff auf die überstehenden Ränder und schlagen Sie diese um.

6 Die Ecken des marmorierten Papiers werden schräg abgeschnitten. Berücksichtigen Sie dabei die Dicke beider Kartonlagen. Streichen Sie Klebstoff nur auf die untere Klappe, wo sich die Öffnung befindet. Sie wird ordentlich umgeschlagen und festgeklebt. Nun streichen Sie Klebstoff auf die Distanzhalter, um den hinteren auf den vorderen Teil des Rahmens zu kleben.

Schneiden Sie ein Stück Karton für die Stütze aus. Länge und Breite hängen von der Größe des Rahmens ab. Die Stütze sollte bis zur Mitte des Rahmens reichen, wenn sie festgeklebt wurde.
Man schneidet ein Stück marmoriertes Papier aus, das an den Seiten und an der Spitze etwa 1 cm breiter und am oberen Ende 3 cm länger als die Stütze ist. Bestreichen Sie das Papier mit Klebstoff. Die Stütze wird darauf gelegt und die Seitenklappen, außer der oberen Klappe, werden umgeschlagen und festgeklebt.

7 Beim nächsten Schritt werden die umzuschlagenden Ränder festgeklebt. Dadurch werden die Fugen an den drei Seiten verdeckt. Das Bild oder Foto wird von der vierten Seite in den Rahmen geschoben.

Schneiden Sie ein weiteres Stück marmoriertes Papier aus, das 1 cm schmaler und kürzer als der Rahmen ist. Es wird in die Mitte der Rückseite geklebt.

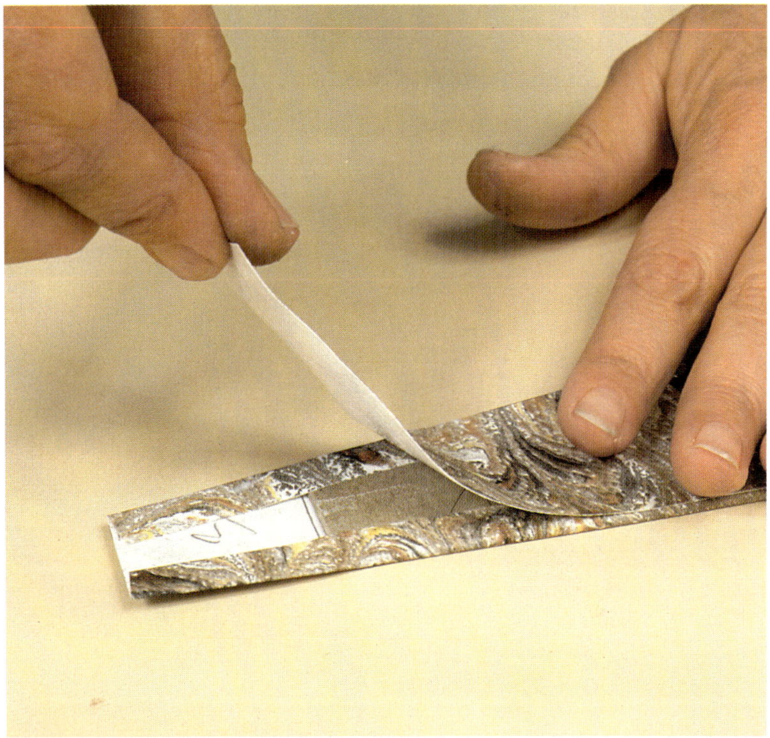

8 Schneiden Sie ein weiteres Stück marmoriertes Papier aus. Es soll die andere Seite der Stütze bedecken. Dies ist die Rückseite. Der überstehende Teil wird in diese Richtung geklappt.

9 Aus einem 3 × 6 cm großen Stück des marmorierten Papiers wird der Gurt der Stütze hergestellt. Dieses Stück wird so gefaltet und zusammengeklebt, daß man einen Streifen mit den Maßen 1×6 cm erhält. Falten Sie diesen in der Mitte und knicken Sie beide Enden. Auf die abgeknickten Teile wird Klebstoff gestrichen.
Kleben Sie den Gurt etwa 5 cm von der Spitze entfernt auf die Stütze. Dann wird Klebstoff auf das andere Ende des Gurtes und auf die überstehende Klappe der Stütze gestrichen. Das Ganze wird auf die Rückseite des Bilderrahmens geklebt. Dabei soll die Spitze der Stütze fast in der Ecke des Rahmens liegen.

20P
POSTAGE PAID
45

Schreibunterlage und Briefhalter

Schreibunterlage und Briefhalter, die in diesem Projekt vorgestellt werden, sind nur zwei von mehreren Teilen, die als Schreibtischutensilien hergestellt werden können. Mit den in den verschiedenen Teilen des Buchs vorgestellten Techniken ist man in der Lage, ein umfangreiches, aus zusammenpassenden Teilen bestehendes Set für das Büro aufzubauen, zu dem ein Papierkorb, eine Schale für Bleistifte, ein Bilderrahmen, ein dekorierter Ordner, ein Notizpapierständer und ein Ablagekästchen gehören. Es ist ratsam, sich vorher Gedanken über das Projekt zu machen, damit genügend dekoriertes Papier zur Verfügung steht – es wäre ziemlich frustrierend, wenn einem mitten in der Arbeit das passende Papier ausginge. Wenn Sie Papier für die verschiedenen Gegenstände auswählen, sollten Sie die Ausgewogenheit der gesamten farblichen Gestaltung im Auge behalten. Scheuen Sie nicht davor zurück, schlichtes getöntes Papier als Teil des Designs zu verwenden. Bei den Rändern der Schreibunterlage und der Innenseite des Briefhalters wurde einfarbiges Papier genommen.

MATERIALIEN UND HILFSMITTEL

• Grundausstattung • dicker Karton • dünner Karton • Baumwollgewebe zur Verstärkung des Briefhalters • marmoriertes Papier • einfaches getöntes Papier • Löschpapier • PVA-Klebstoff • Pinsel für den Klebstoff • Papierreste • Falzbein • Kontaktklebstoff

SCHREIBUNTERLAGE

1 Schneiden Sie ein großes Stück Karton aus. Die Größe der Schreibunterlage richtet sich nach der Größe der in diesem Projekt verwendeten Blätter. Eine gute Größe hat jedoch die Maße 42 x 30 cm.

Zuerst wird eine Seite des Kartons mit Papier beklebt. Die entsprechende Technik wurde auf Seite 32 gezeigt. Es ist nur eine Frage der persönlichen Vorliebe, ob Sie dekoriertes Papier nehmen oder nicht. Schneiden Sie die Ecken großzügig ab, damit das Löschblatt gut hineingesteckt werden kann.

2 Die dekorierten Ecken werden angefertigt. Legen Sie die Größe der dreieckigen Stücke fest. In diesem Fall haben sie eine Seitenlänge von 10 cm bzw. 14 cm. Schneiden Sie die Stücke aus dünnem Karton zurecht. Dabei sollte die Struktur des Kartons bei allen Stücken in gleicher Richtung verlaufen.

Bekleben Sie diese Stücke, die der Verstärkung dienen, mit einfachem, getöntem Papier. An der langen Seite bleibt eine 1,5 cm breite Klappe stehen. Diese wird umgeschlagen und festgeklebt. Die anderen beiden Seiten werden gerade abgeschnitten.

3 Bei der Anfertigung des dekorativen Überzugs ist eine Schablone aus dünnem Karton hilfreich. Übertragen Sie das Dreieck auf die Schablone. Die umzuschlagenden Klappen müssen an den äußeren Kanten berücksichtigt werden.

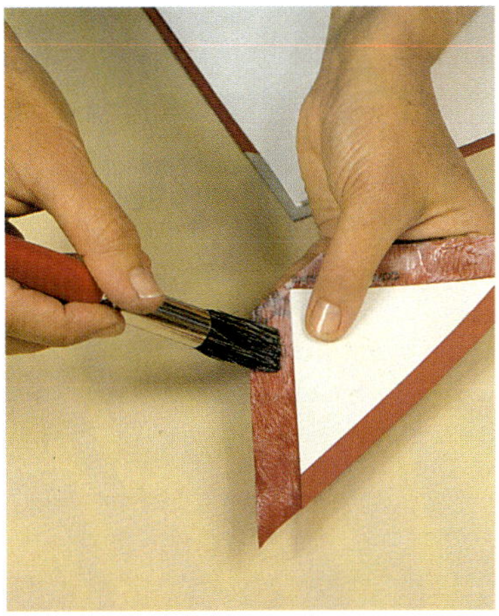

4 Mit Hilfe dieser Schablone werden vier Stücke des dekorierten Papiers ausgeschnitten. Jedes Stück wird auf eine Ecke geklebt.

5 Die Ecken werden umgedreht, so daß die Rückseiten oben sind. Das Papier wird an den Kanten eingekerbt und geknickt. Schneiden Sie die Ecken schräg ab und berücksichtigen Sie dabei die Dicke des Materials.

6 Legen Sie das Löschblatt in die richtige Position auf den Karton. Nachdem Klebstoff auf die Klappen gestrichen wurde, werden die Ecken festgeklebt.

7 Abschließend wird die Unterlage umgedreht. Kleben Sie ein Stück Papier, das etwa 1 cm kleiner als die Unterlage ist, auf die Rückseite. So werden die umgeschlagenen Klappen verdeckt. Auch hier ist es wieder Ihrem Geschmack überlassen, ob Sie einfaches oder dekoriertes Papier verwenden.

Briefhalter

1 Der Briefhalter wird aus 3 Kartonstücken hergestellt. Jedes Stück ist 20 cm lang. Das hintere Teil ist 10 cm hoch, das Vorderteil 8 cm. Der Boden ist 6 cm breit.

Die hintere und die vordere Seite werden an den Kanten des Bodens festgeklebt. Wenden Sie die Methode an, die im Kapitel der Grundtechniken erklärt wurde. Restliche Kartonstücke mit einer Breite von 6 cm können zwischen Vorder- und Hinterseite eingeschoben werden. Während der Klebstoff trocknet, wird das Ganze von Klebeband zusammengehalten.

2 Nun benötigen Sie ein Stück Baumwollgewebe, das etwas kleiner als 20 × 9 cm ist. Es wird mit PVA-Klebstoff unter den Boden geklebt, um die Verbindungsstellen zu verstärken.

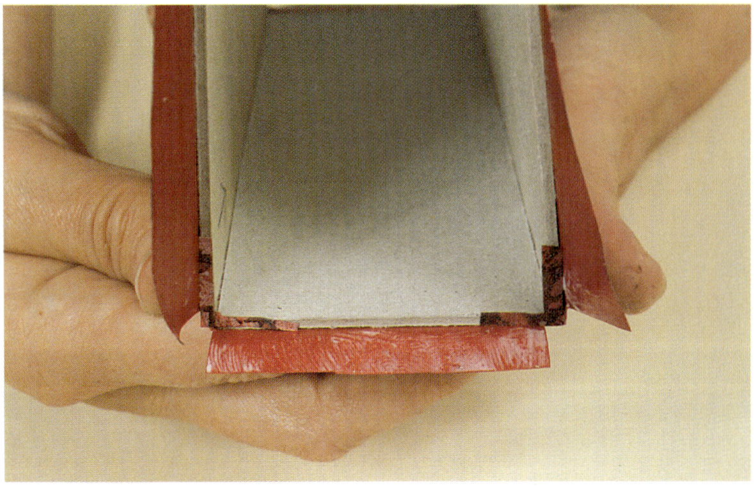

3 Schneiden Sie ein Stück des dekorierten Papiers zu, mit dem der Briefhalter außen beklebt werden soll. Die Struktur des Papiers sollte die gleiche Richtung haben wie jene des Kartons.

4 Der Briefhalter wird sorgfältig beklebt, und die Ecken werden ordentlich zurechtgeschnitten. Die Arbeitsweise wurde bei den Grundtechniken beschrieben (Bekleben eines dreidimensionalen Objekts).

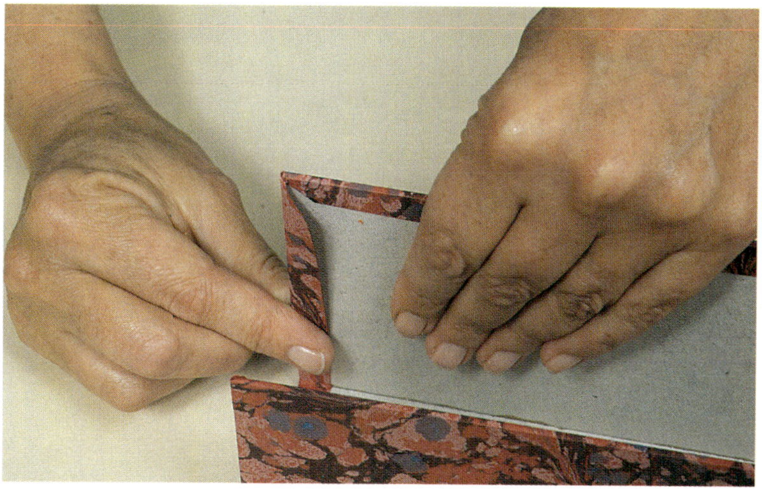

5 Beim nächsten Schritt wird die Innenseite des Briefhalters mit einfachem, getöntem Papier ausgekleidet. Nehmen Sie einen Papierstreifen, um die erforderlich Länge zu messen; die Breite wird gegenüber der Breite des Briefständers um 1 cm reduziert.

6 Es folgt eine knifflige Aufgabe, da der Platz im Halter etwas eng ist. Die richtige Struktur des Papiers erleichtert die Arbeit, da das Papier an der Rückseite hinuntergerollt und zum Boden und zur Vorderseite gerollt wird. Denken Sie daran, daß sich das Papier strecken kann, wenn Klebstoff aufgetragen wurde. Deshalb sollte man das Papier nicht zu groß zuschneiden. Nehmen Sie hochwertiges Papier, das sich nicht so stark verzieht.

Aktenmappe

Dieser stilvolle Gegenstand könnte ein wunderschönes Geschenk sein. Die Mappe kann in verschiedenen Größen hergestellt werden. Die hier abgebildete Mappe eignet sich für DIN A4-Blätter. Wie bei vielen anderen Projekten dieses Buches unterliegt die Wahl des Schmuckpapiers keiner Beschränkung. Ein herkömmliches Aussehen erreichen Sie, indem Sie marmoriertes Papier verwenden. Bei diesem etwas außergewöhnlichen Beispiel wurde in Kleistertechnik gestaltetes Papier genommen. Wenn das Objekt als Kunstmappe für einen Studenten gedacht ist, würde sich ein vom Studenten selbst entworfener Stempeldruck als Dekoration anbieten. Der Rücken und die Ecken bestehen aus Buchbinderleinwand, die besonders stabil ist. Das Material ist nur in Spezialgeschäften erhältlich. Eine Alternative besteht darin, Baumwollgewebe auf Papier zu kleben. Dabei wendet man die Technik an, die im Abschnitt über Grundtechniken für das Bekleben von Karton mit Papier beschrieben wurde. Wenn die Mappe geöffnet wird, ist das Papier zu sehen. Es wird an den drei offenen Seiten der Mappe durch gefaltete Klappen festgehalten.

Materialien und Hilfsmittel

- *Grundausstattung*
- *dicker Karton* • *dekoriertes Papier (Kleister)*
- *getöntes Papier*
- *Buchbinderleinwand für den Rücken und die Ecken* • *PVA-Klebstoff*
- *Pinsel für den Klebstoff*
- *Altpapier* • *Falzbein*
- *Meißel und Hammer*
- *Band*

Tip

Die Faserrichtung muß beim Papier und Karton gleich sein. Ein sauberer und aufgeräumter Arbeitsplatz erleichtert die Arbeit, da viele Schritte erforderlich sind. Der Klebstoff sollte erst geholt werden, wenn man ihn benötigt. Der Abfall ist gleich wegzuwerfen, damit Klebstoff nicht aus Versehen verschmiert wird.

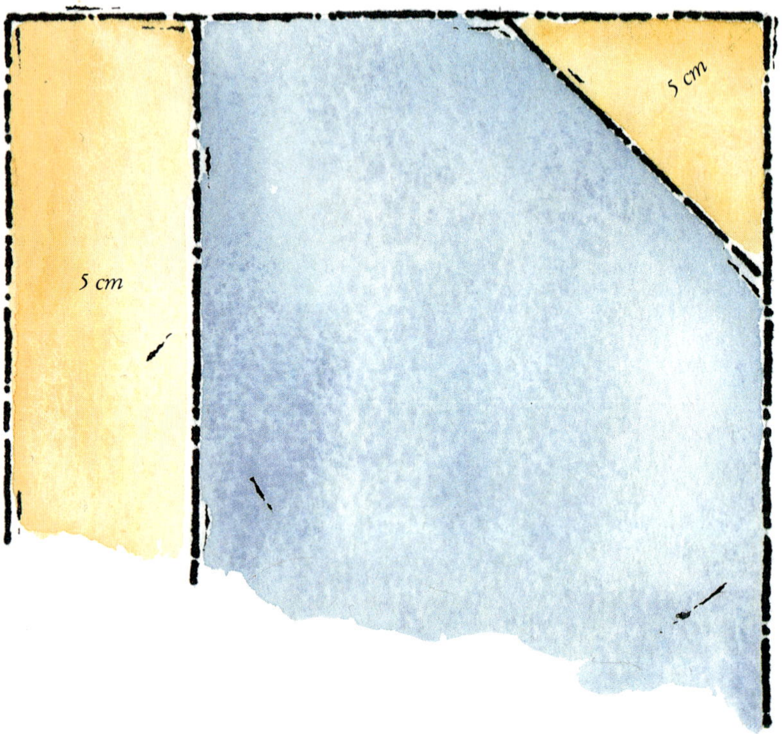

Schneiden Sie zwei Stücke Karton mit der Größe 34 × 25 cm aus. Die Faserrichtung sollte vorzugsweise parallel zur Längsseite laufen. Achten Sie darauf, daß die Ecken rechtwinklig sind. Auf einer Seite jedes Kartonstücks wird mit einem Abstand von 5 cm von der Kante eine Linie gezogen. Damit wird die Grenze für den Rückenbezug festgelegt. Die Rückenbreite kann variieren, aber ein Fünftel der gesamten Breite kann empfohlen werden.

Nun ziehen Sie eine Diagonale an den oberen und unteren Ecken, die nicht am Rücken liegen. Die Linie schneidet die Kanten 7 cm von der Spitze der Ecke entfernt. Die Senkrechte auf die Diagonale mißt jeweils 5 cm, was der Breite des Rükkens entspricht.

Überlegen Sie sich, wie weit die Deckel auseinander liegen sollten – je größer der Abstand, um so mehr Akten können untergebracht werden. In diesem Beispiel wird ein Abstand von 2 cm gewählt. Nun schneiden Sie die Leinwand zu. Die Stücke müssen die Deckel bedecken und einen Streifen für den Zwischenraum sowie oben und unten 1,5 cm breite Klappen haben. Ein zweiter Leinwandstreifen für die Innenseite des Rückens wird benötigt. Er sollte die Breite des Zwischenraums plus 1,5 cm auf jeder Seite für die umzuschlagenden Klappen haben. Der Streifen ist 1 cm kürzer als die Deckel.

1 Legen Sie den größeren Leinwandstreifen auf ein Blatt Altpapier und streichen Sie ihn ganz mit PVA-Klebstoff ein. Arbeiten Sie von der Mitte nach außen und achten Sie darauf, daß auch die Ränder bedeckt werden. Als Unterlagen eignen sich Seiten von Zeitschriften besser als Zeitungspapier, weil die Saugfähigkeit des Zeitungspapiers dazu führt, daß der Pinsel gebremst wird.

Nehmen Sie das Stück Leinwand, entfernen Sie das Altpapier und legen Sie das Gewebe auf die Deckel. Das Stück wird zwischen die markierten Linien gelegt. Man legt ein sauberes Stück Altpapier darüber. Glätten Sie die Leinwand mit der Hand oder mit dem Falzbein. Dadurch entfernen Sie die Luftblasen. Das Abdecken mit Papier verhindert, daß das Gewebe beim Reiben »speckig« wird oder Schmutzspuren hinterlassen werden.

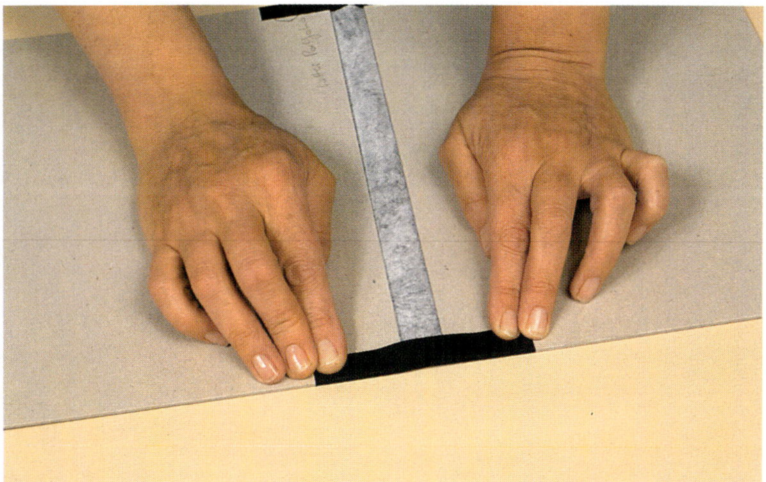

2 Nach diesem Schritt wird die Arbeit umgedreht. Schlagen Sie die überstehenden Klappen um und tragen Sie noch etwas Klebstoff auf, falls dies erforderlich sein sollte. Achten Sie darauf, daß die Leinwand fest in den Zwischenraum zwischen den Deckeln gedrückt wird.

3 Nun wird der schmale Leinwandstreifen auf eine Altpapierunterlage gelegt und mit PVA-Klebstoff eingestrichen. Alle Ränder müssen mit Klebstoff bedeckt sein.

Nun wird der Streifen hochgehoben und das Altpapier entfernt. Legen Sie ihn auf die Deckel. Er wird auf der Innenseite des Rücken plaziert. Der Gewebestreifen wird mit einem sauberen Stück Papier bedeckt. Pressen Sie ihn in den Zwischenraum. Arbeiten Sie von einer Seite zur anderen und glätten Sie die Oberfläche, damit keine Luftblasen entstehen.

4 Schneiden Sie zwei Quadrate mit 10 cm Seitenlänge aus der Leinwand. Sie werden diagonal durchgeschnitten. Diese Teile werden für die Ecken verwendet. Überstehende Klappen werden berücksichtigt. Die Eckstücke werden an die Linie auf dem Deckel gelegt. Markieren Sie die Ecke auf der Rückseite. Etwas neben dieser Markierung wird die Spitze des Eckstücks diagonal abgeschnitten. So treffen sich die umgeschlagenen Teile genau im Winkel, wenn die Leinwand an die richtige Stelle geklebt wird.

5 Streichen Sie Klebstoff auf die Eckstücke und legen Sie sie an die Markierungslinie auf dem Deckel. Klappen Sie eine Seite um. Der überstehende Geweberand wird mit dem Falzbein ordentlich festgedrückt. Das gleiche wird mit der anderen Seite gemacht. Wiederholen Sie den Vorgang an den anderen Ecken.

6 Nehmen Sie das Schmuckpapier und wählen Sie zwei geeignete Ausschnitte aus. Sie sollten 37 × 21,5 cm groß sein, wobei überstehende Ränder eingeschlossen sind. Das Papierstück überlappt den Rücken etwas. Halten Sie das Papier auf dem Deckel an der richtigen Position fest. Nun werden die Ecken umgebogen, so daß sie die Leinwandecken etwas überlappen. Knicken Sie diese.

Nehmen Sie das Papier vom Deckel und kennzeichnen Sie beide Teile, so daß Sie erkennen, daß sie zusammengehören. Beide Seiten der Mappe sind wahrscheinlich nicht identisch. Schneiden Sie die gefalteten Teile ab. Wiederholen Sie den Vorgang bei der anderen Seite.

7 Bevor Sie die Papierstücke festkleben, legen Sie diese auf die Deckel. Markieren Sie Hilfslinien auf der Rückseite. Nun muß schnell gearbeitet werden und der Klebstoff aufgetragen werden, damit das Papier wenig Zeit hat, Wellen zu bilden. Das Papier wird sorgfältig so in die richtige Position auf den Deckel gelegt, daß der Rücken und die Ecken gerade bedeckt sind.

8 Man legt restliches Papier darauf und glättet mit der Hand oder einem Falzbein, um Luftblasen zu entfernen. Drehen Sie die Mappe um und kleben Sie die überstehenden Teile nach innen. Wenn es erforderlich sein sollte, kann hier noch etwas Klebstoff aufgetragen werden.

9 Bei der Herstellung des Bandverschlusses ist es notwendig, ein Loch von der mit Papier beklebten Außenseite zur Innenseite zu machen. Dies läßt sich am leichtesten mit einem Beitel bewerkstelligen. Wenn Sie keinen Beitel haben, können Sie auch ein Teppichmesser oder ein Skalpell verwenden. Zuerst wird die Position der Löcher auf beiden Deckeln markiert. Sie befinden sich in 1,5 cm Entfernung von der Außenkante etwas oberhalb der Mitte. Wenn Sie das Loch mit Hammer und Beitel machen, sollten Sie einen alten Pappdeckel oder ein Stück Holz unter die Deckel legen.

10 Schneiden Sie zwei 30 – 40 cm lange Bänder ab und schieben Sie diese durch die Löcher. Sie werden so weit durchgezogen, daß ein überstehendes Ende an der Außenkante festgeklebt werden kann. Kleben Sie es fest und legen Sie Altpapier darüber. Die Stelle wird mit einem Hammer fest- und flachgeklopft.

Die Mappe könnte nun etwas gebogen sein. Dies wird durch die Spannung des Bezugs auf der Außenseite verursacht. Diese Erscheinung verschwindet, wenn die Mappe auf der Innenseite beklebt wird. Man geht in zwei Schritten vor: Zuerst werden die Klappen angebracht, dann beklebt man die Deckel auf der Innenseite mit einem Blatt Papier.

11 Schneiden Sie zwei Papierstreifen der Größe 33 × 10 cm zu. Die Struktur verläuft in Längsrichtung. Außerdem benötigen Sie vier Stücke mit den Maßen 24 × 10 cm. Hier laufen die Fasern parallel zur kurzen Kante. Kerben Sie mit dem Falzbein auf jedem Stück eine Linie in 1,5 cm Entfernung von der Kante. Nach dem Falten haben die Stücke dann eine Breite von 8,5 cm. Die Ecken der gefalteten Kanten der Streifen, die sich treffen werden, werden schräg abgeschnitten, so daß sie sich nicht überlappen.

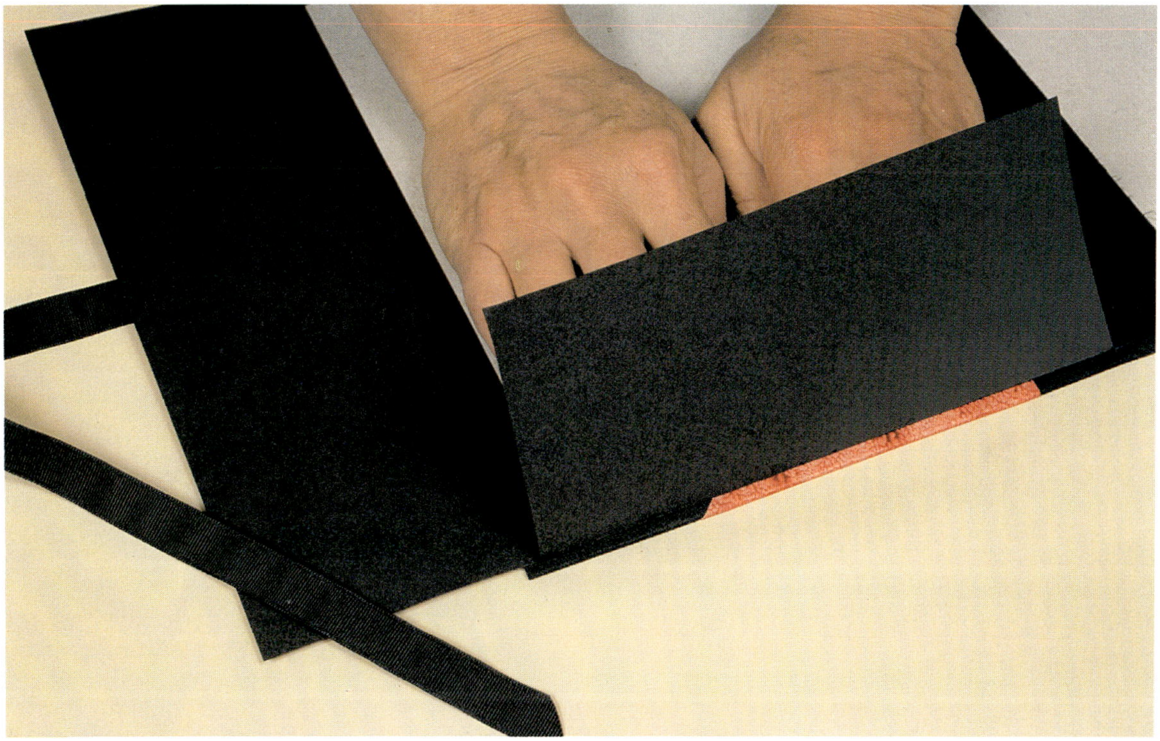

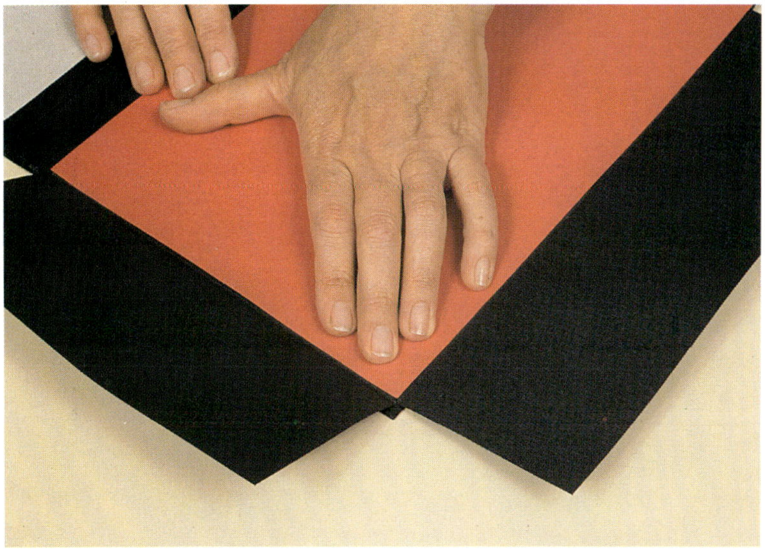

12 Streichen Sie Klebstoff auf die gefalteten Klappen des langen Streifens. Er wird in 0,5 cm Entfernung von der Außenkante aufgeklebt. Auf gleiche Weise werden die anderen Stücke an den oberen und unteren Rand der beiden Seiten der Mappe geklebt. Sie sollen die seitliche Klappe an der Außenkante treffen.

13 Schließlich müssen Sie noch ein Stück Papier mit der Größe 33 × 24 cm für jede Seite ausschneiden. Prüfen Sie, ob die Stücke passen und die Klappen bedecken, die gerade eingeklebt wurden. Kleben Sie die Stücke sorgfältig an die richtige Stelle, bedecken Sie sie mit Altpapier und glätten Sie, so daß alle Luftblasen verschwinden.

Fotoalbum-Umschlag und Fotoalbum

Es ist oft schwierig, ein Fotoalbum mit einem attraktiven Deckel zu finden. Wenn das Album zusammengestellt wird, um an ein spezielles Ereignis zu erinnern, kann man den passenden Umschlag selbst entwerfen. Man könnte die Lieblingsfarbe des zukünftigen Besitzers wählen oder mit Schablonen und Stempeldruck arbeiten, um ein Design zu entwerfen, das zum Thema des Fotoalbums paßt.

Das Fotoalbum selbst kann ebenfalls »maßgeschneidert« werden, obwohl es sich um ein sehr zeitaufwendiges Projekt handelt. Die Seiten müssen auf eine zu den Fotos passende Größe zugeschnitten werden, und die Zahl der Seiten wird durch die Zahl der Fotos bestimmt, die aufgenommen werden sollen. Die Farbe und das Gewicht des Papiers oder Kartons sind ebenfalls entscheidende Faktoren für das spätere Aussehen.

Materialien und Hilfsmittel

• Grundausstattung • dicker Karton • Albumblätter • Schraubverbindungen • dekoriertes Papier • getöntes Papier • Baumwollgewebe • Locheisen • PVA-Klebstoff • Pinsel für den Klebstoff • Altpapier • Falzbein

Fotoalbum-Umschlag

1 Schneiden Sie zwei Stücke Karton so aus, daß die Struktur von oben nach unten verläuft. Sie sollen gut 0,5 cm breiter und länger als die Albumblätter sein. Ein Stück Karton wird zurückgelegt, um später den hinteren Deckel zu bilden.

Nehmen Sie das zweite Stück und stellen Sie die Umbiegungslinie her, die erforderlich ist, um den vorderen Deckel zu öffnen. Messen Sie die Seitenstreifen der Albumblätter, die bereits gelocht sind, bis zur Mitte des flexiblen Falzes. Markieren Sie dieses Maß auf einem Stück Karton und schneiden Sie den Rest ab. Von dem Stück schneidet man 0,5 cm ab.

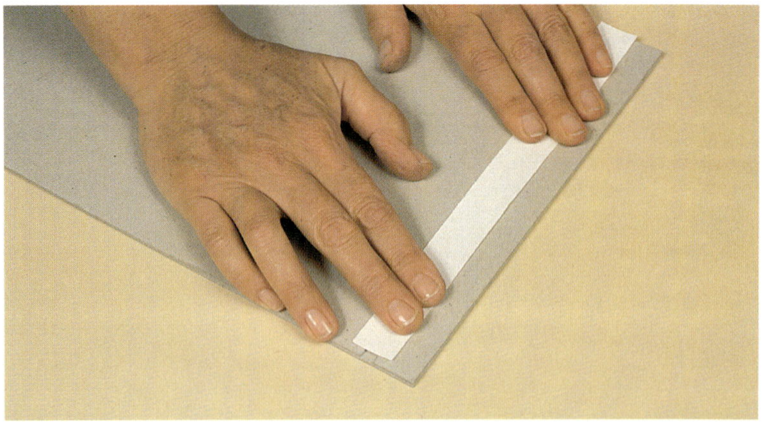

2 Schneiden Sie zwei Streifen Baumwollgewebe zurecht. Sie haben eine Breite von 2 cm und die Länge der Deckel. Das Gewebe wird als Gelenkteil zwischen die beiden Stücke geklebt, die beim letzten Schritt angefertigt wurden. Das Papier kann diese Funktion nicht übernehmen, es könnte einreißen.

Legen Sie den hinteren Deckel auf die Arbeitsfläche. Die beiden Stücke für die Vorderseite werden darauf gelegt, Kante auf Kante. Streichen Sie Klebstoff auf den Streifen aus Baumwollgewebe. Er wird über den Zwischenraum zwischen den Deckeln gelegt und festgedrückt. Lassen Sie ihn ein paar Minuten trocknen. Das Teil wird umgedreht. Auf die andere Seite wird ein zweites Stück Stoff geklebt.

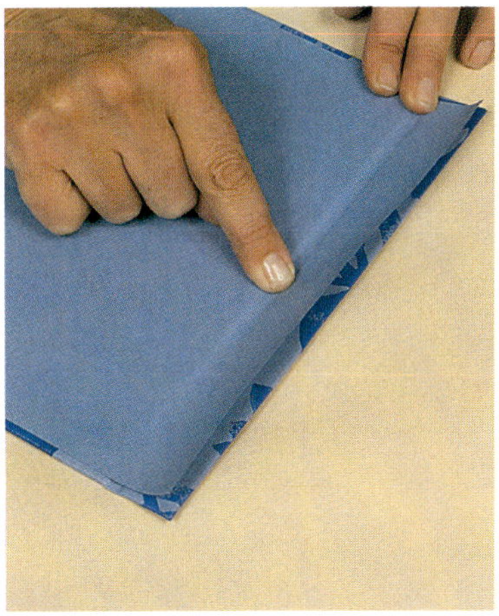

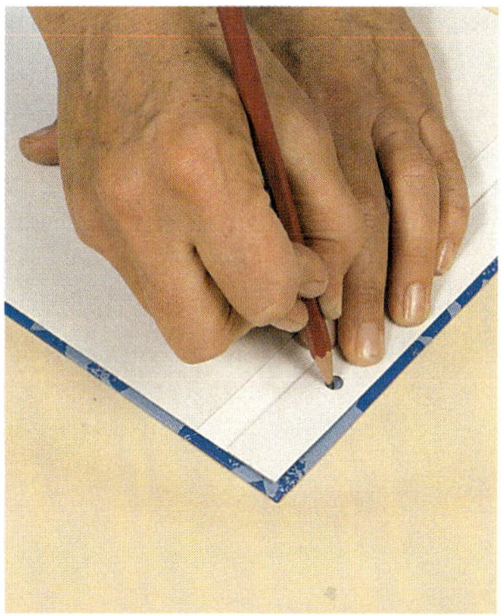

4 Die Stellen für die Löcher werden markiert. Legen Sie eine Albumseite auf den hinteren Deckel. Zeichnen Sie durch die Löcher auf den Deckel. Mit einem Locheisen werden die Löcher gestanzt, vorzugsweise von außen nach innen.

3 Schneiden Sie zwei Ausschnitte aus dem dekorierten Papier aus, mit denen die Deckel beklebt werden sollen. Diese Stücke haben Klappen von 1,5 cm Breite an allen Seiten. Wenn die Klappe an der Umbiegungslinie breiter ist als das Teil, das sich dort befindet, sollte sie auf dieselbe Breite gebracht werden. Bekleben Sie den hinteren Deckel. Die anzuwendende Technik wird im Abschnitt über die Grundtechniken beschrieben.

Besondere Sorgfalt sollten Sie beim Bekleben des Gelenkteils für den vorderen Deckel walten lassen. Nachdem Klebstoff auf das Papier aufgebracht wurde, plaziert man das Papier auf dem größeren Kartonstück. Es wird mit einer Bewegung zum Gelenkteil hingelegt. Das Papier wird fest in die Stoffspalte gedrückt. Beim Umschlagen der Klappen muß man darauf achten, daß sie in den Zwischenraum eingearbeitet werden (siehe Aktenmappe). Aber denken Sie daran: Papier ist nicht so belastbar wie Leinwand.

Jetzt schneiden Sie das getönte Papier für die Innenseite zurecht. Es sollte etwa 0,5 cm kleiner als die Deckel sein, die zu bekleben sind. Kleben Sie das Blatt für den hinteren Deckel auf. Beim Bekleben der Innenseite des Vorderteils mit dem Gelenkteil müssen Sie wieder darauf achten, daß das Papier in die Spalte eingearbeitet wird.

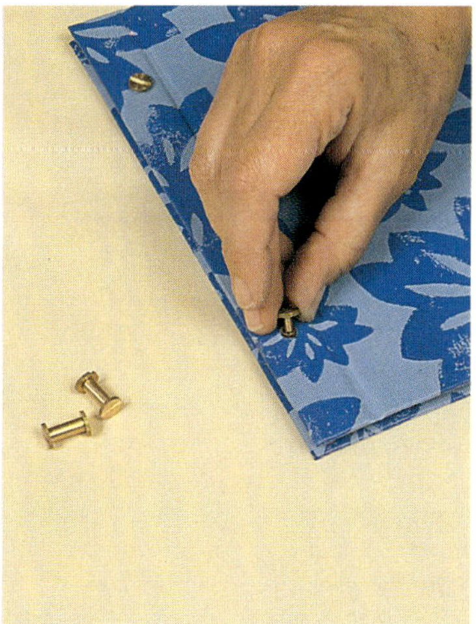

5 Halten Sie die beiden Deckel zusammen und übertragen Sie die Löcher auf den vorderen Deckel.

6 Setzen Sie das Album zusammen. Lösen Sie die Schraubverbindungen und stecken Sie die längeren Teile von hinten durch die Löcher des hinteren Deckels. Die Albumseiten und der vordere Deckel werden darübergelegt. Die Verbindungen werden zusammengeschraubt. Alternativ kann man Bänder durch die Löcher ziehen und zusammenknoten.

MATERIALIEN UND HILFSMITTEL

• Grundausstattung • dicker Karton für die Deckel • Papier oder leichter Karton für die Albumseiten • dekoriertes Papier • getöntes Papier • Buchleinwand • Schraubverbindungen • Locher • PVA-Klebstoff • Pinsel für den Klebstoff • Altpapier • Falzbein

FOTOALBUM

TIP

Die ersten Überlegungen beziehen sich, wie bei allen anderen Projekten, auf die Größe. Bei diesem Projekt muß man die Seiten zuerst schneiden. Deshalb sollten die Fotos vorher ausgewählt werden. Die Fotos, für die dieses Album entworfen wurde, erinnern an eine Reise. Mehrere Fotos können auf einer Seite untergebracht werden. Hochzeitsbilder werden am besten einzeln auf eine Seite geklebt.

Addieren Sie 2,5 cm zur Breite der von Ihnen gewünschten Seiten – dieser zusätzliche Rand ist der Streifen für die Schraubverbindungen. Die Struktur des Kartons sollte von oben nach unten verlaufen. Weitere Kartonstreifen in der Länge der Blätter und der Breite der Gelenkteile werden benötigt. Sie werden zwischen die Seiten gelegt, so daß das Album flach schließt, nachdem die Fotos eingeklebt wurden.

1 Wenn die Seiten und Streifen zugeschnitten sind, sollten die Seiten eingekerbt werden, damit sie sich leicht umblättern lassen. Die Breite der Streifen wird auf einer Seite an der Ober- und Unterkante jeder Albumseite markiert. Legen Sie ein Lineal an die beiden Markierungen und kerben Sie diese Linie mit einem Falzbein ein.

2 Die Löcher können nun in das Gelenkteil der Seiten gestanzt werden. Wenn das Album länger als 20 cm ist, sind drei Löcher zu empfehlen. Markieren Sie die Stelle für die Löcher im Abstand von 5 cm von der unteren und oberen Kante in der Mitte des Gelenkteils. Das dritte Loch sollte sich in der Mitte zwischen den anderen Löchern befinden. Stanzen Sie auch passende Löcher in die Abstandhalter. Nun werden die Seiten beiseite gelegt und die Deckel angefertigt.

Auch hier sollte die Faserrichtung wieder von oben nach unten verlaufen. Schneiden Sie zwei Stücke aus dickem Karton aus, die 1 cm breiter und länger als die Seiten sind. Schneiden Sie zwei Kartonstreifen aus. Sie sollen die Länge der Deckel und die Breite der Gelenkteile haben. Dieses Material sollte möglichst dünner sein als der Karton der Deckel.

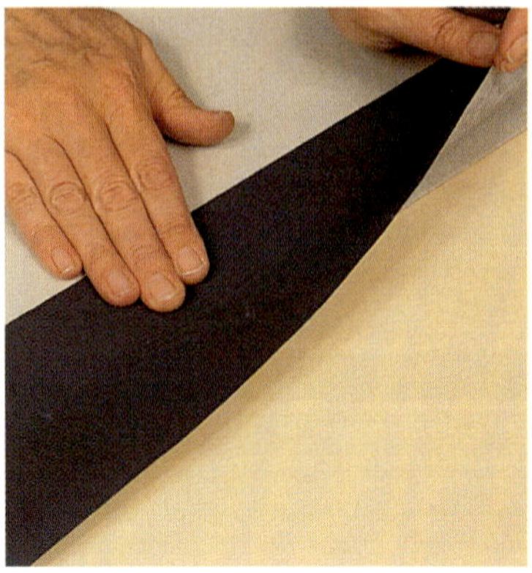

3 Nun wird das Material ausgeschnitten, mit dem das Album bezogen werden soll. Die Leinwand oder das mit Papier beschichtete Gewebe wird für das Gelenkteil und Teile des Deckels verwendet. Das Schmuckpapier ist für die verbleibenden Teile des Deckels gedacht. Bei diesem Beispiel mißt das Stück Leinwand ein Fünftel der Deckelbreite. Ein weiteres Stück Leinwand wird für den Gelenkteil und die Kerbe benötigt. Außerdem benötigen Sie getöntes Papier zum Auskleiden.

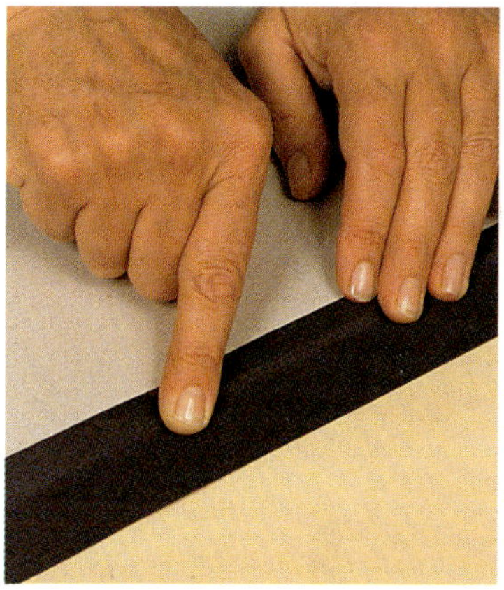

4 Bereiten Sie alle Stücke vor und tragen Sie Klebstoff auf das größere Stück Leinwand auf. Es wird auf die richtige Stelle des vorderen Deckels geklebt.

Dann wird das Gelenkteil auf die Leinwand gelegt. Man läßt einen ausreichenden Abstand von etwa 0,5 cm. Die Ecken werden schräg abgeschnitten und die anderen Ränder umgeschlagen.

5 Streichen Sie Klebstoff auf den Innenstreifen und kleben Sie ihn auf. Auf den Rest des Deckels klebt man das Schmuckpapier. Die Ränder werden ordentlich umgeschlagen (siehe Grundtechniken).

Drehen Sie den Deckel um und kleben Sie das getönte Papier auf. Auf gleiche Weise wird der andere Deckel fertiggestellt.

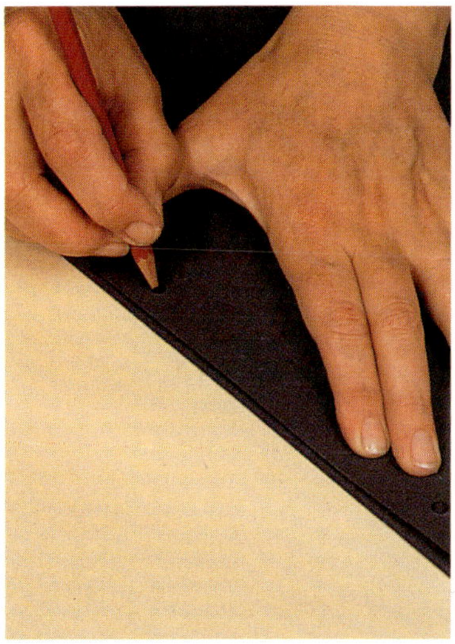

6 Die Stellen der Löcher werden auf dem Gelenkteil markiert. Dafür können Sie einen der Abstandstreifen wie eine Schablone verwenden. Stanzen Sie die Löcher möglichst sauber in den Karton.

7 Während die Außenseiten der Deckel aufeinander liegen und das Gelenkstück auf der Seite liegt, werden die Albumseiten mit den Abstandstreifen zwischen die Deckel geschoben. Alle Löcher müssen übereinander liegen.

8 Bringen Sie die Schraubverbindungen an und schließen Sie die Deckel.

Register